この本を作った理由は、保育園、幼稚園、こども園（以下、「未就学児施設」）や子育て支援等で「子どもの命を預かる」ことに携わっている方々に、子どもの事故やケガの見方を変え、命を奪うタイプの事故を理解して、防げる事故を防ぐ力をつけていただきたいという思いからでした。

　事故予防の研修でよく使われるヒヤリハット事例は、ケガが中心。
　子どもの命に関わるような事故は、ヒヤリハットでドキリとすることがほとんどありません。たとえば、誤嚥窒息や絞扼（首が絞まる、引っかかる）のヒヤリハットは、「飲み込んだけど出た。よかった！」「首が引っかかってびっくりした！」など、たいしたこともなく、見過ごされがちなものばかりです。自治体に提出する事故報告の対象にもなりません。

　皆さんがご存じの「ハインリッヒの法則」にならい、ヒヤリハットを集めても、その頂点に命に関わるような事故はほとんどありません。死亡、重傷（症）に至るような事故やケガは、ヒヤリハットもなく、ある日突然起こるのです。

　深刻な事故の予防で着目すべきは、ヒヤリハットではなく、本書のタイトルにある「ハザード」です。そして、どのような対策をとれば命に関わるような事故が起こる確率を下げられるかを考えれば、「あれも危ない？　これも危ない？」ではなく、「これはダメ！」がわかります。

　一方、事故予防でよく言われる「見守り」の効果は、深刻な事故の場合、限定的です。本書では、見守りだけではない事故予防、さらには保護者を巻き込んだ事故予防の方法があることをお伝えしたいと思います。

　「子どもは未来である」
　私の恩師、小林登先生（小児科医、東京大学名誉教授）の言葉です。今の時代、未来を担う子どもとその子どもの育ちを支える皆さんの仕事が、萎縮しているように思います。本書が子どもたちの豊かな育ちの時間を取り戻す一助になれば幸いです。

所　真里子

目　次

第3章 ✦ 安全を考えた製品を活用する

第4章 ✦ 季節をきっかけに保護者に安全情報を発信

第5章 ✦ わかりやすい掲示で保護者に「危ない」を伝える

第6章 ✦ 効果的なお手紙で保護者を園の味方に

付録

おわりに
執筆者プロフィール

第0章

皆さんにまず伝えたいこと

未就学児施設は子どもの命を預かる場所

　保育所保育指針に「保育所は、子どもが生涯にわたる人間形成にとって極めて重要な時期に、その生活時間の大半を過ごす場である」[1]と書かれています。育ちにおいて大切な時期、子どもが長時間過ごす未就学児施設において、事故やケガはどのように考えればよいのか、まずお話しします。

子どもの「命を預ける」「命を預かる」

　「子どもを預ける、預かる」と聞くと、「子どもはモノではないのに…」とお感じになる方もいらっしゃるかと思います。ですが、未就学児施設は子どもの命を預かり、そして保護者は未就学児施設に子どもの命を預けています。まず、この事実を保育者も保護者もはっきりと言うことが、子どもの安全を考えるうえで大切でしょう。

子どもは育つからケガをする

　では、「命を守ること」＝「ケガをさせないこと」でしょうか。

　子どものケガの多くは、子どもが育つから起こるものです。内閣府のガイドライン[2]の「はじめに」にも、「日々の教育・保育においては、乳幼児の主体的な活動を尊重し、支援する必要があり、子どもが成長していく過程で怪我が一切発生しないことは現実的には考えにくいものです。」とあります。つまずく、転ぶ、滑る、ぶつかるといったできごとを避けていたら、子どもは育つことができません。

　ですから、本書では、死亡や重傷（症）、後遺障害につながるような深刻な事故やケガが起こらない園の環境づくりを扱います。

＊1　「保育所保育指針」（平成29年3月31日厚生労働省告示）第1章総則／1保育所保育に関する基本原則／（2）保育の目標／ア
＊2　内閣府他「教育・保育施設等における事故防止及び事故発生時の対応のためのガイドライン」2016年3月

「ケガをさせてしまった」は正しい？

　皆さんの園で子どもがケガをしたら、「おケガをさせてしまって申し訳ございません」と園長や担任がまず謝罪するのではないでしょうか。でも、そのケガは職員が「負わせたケガ」ではありませんよね。大部分は、子どもが活動をしている中で不可避に起きたケガです。

　一方で、子どもの育ちとは関係のないケガ、避けられたはずのケガもあります。たとえば、壊れた玩具の部品で指を切った、鋭利な部分のある机に顔面をぶつけた、電源コードに引っかかり倒れた加湿器の熱湯でやけどをした、などです。

　このように考えると、園におけるケガは実にさまざまです。子どもの命を預かり、子どもが育つ場である未就学児施設において、防がなければならない事故やケガについて保育者が理解し、それらを見つける力、防げるものを防ぐ力をつけることが必要でしょう。

ハザードがわかると安全が見える

　未就学児施設で、子どもが滑ったり、転んだり、ぶつかったりすることは日常茶飯事です。そのような中、子どもの死亡、重傷（症）、後遺障害といった深刻な事故につながる原因は、どこに潜んでいるのでしょうか。

「数が多い事故＝重篤な事故」とは限らない

　「ハインリッヒの法則」をご存じでしょうか。「1件の重大事故の背景には、軽微な事故が29件あり、そのまた背景には300件のヒヤリハットがある」というものです。そして、ヒヤリハットを分析し対策をすることで、重大事故を予防できると考えられています。しかし、この法則は1931年に提案された、それも産業安全分野のもので、子どもの事故にあてはまるというデータはありません。

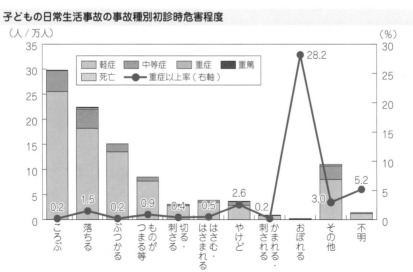

子どもの日常生活事故の事故種別初診時危害程度

（備考）1．東京消防庁「救急搬送データ」（2012-2016年）に基づき消費者庁が集計。
　　　　2．総務省「国勢調査」（2015年）の人口（東京都のうち稲城市、島しょ地区を除く地域）を2012年から2016年までの平均人口として人口当たりの救急搬送人員数を算出した。
　　　　3．「軽症」は軽易で入院を要しないもの、「中等症」は生命の危険はないが入院を要するもの、「重症」は生命の危険が強いと認められたもの、「重篤」は生命の危険が切迫しているもの、「死亡」は初診時死亡が確認されたものを表す。

　実際の数字を見てみましょう。図は、救急搬送された子どもの数と重傷（症）率をまとめたものです[1]。たとえば、「おぼれる」の救急搬送数はわずかですが、重症率は最も高い数値を示しています。一方、搬送数が最も多い「ころぶ」の重症率はとても低いのです。つまり、「ころぶ」はハインリッヒの法則にあてはまるのかもしれませんが、「おぼれる」はまったくあてはまらないのです。

　このように、子どもの命に関わるような事故は、ヒヤリハット自体がほとんどなく、ある日突然、重傷（症）に至るような場合が多いと認識しておくべきです。

ハザードに着目する

　子どもの命に関わるような事故は、ヒヤリハットでドキリとすることがほとんどありません。では、どのように対策をすればよいのでしょうか。答えは、本書のタイトルになっている「ハザード」にあります。

　ハザードは「危なさ」そのもので、「とても深刻なもの」から「深刻ではないもの」までさまざまです。第一歩として、自施設にあるハザードを見つけ、それぞれのハザードが持つ深刻さの程度を明確に認識します。これがわかると、どのような対策をとれば子どもの命に関わるような事故が起こる確率（リスク）を下げることができるかを考えられます（リスクとハザードについては、第1章の冒頭で改めて説明します）。

---

[1]　消費者庁「平成30年版消費者白書」図表 I - 2 - 2 - 5

ハザード、リスクを保護者に伝える

　園から保護者に伝えることは、起きた事故やケガだけでしょうか。子どもの安全は、未就学児施設だけでは実現できませんから、保護者にハザードやリスクについて伝えていくことも大切です。では、皆さんが「伝えるのは難しい」と感じがちな事故やケガの話は、どのように扱えばよいのでしょうか。

「起きてから」ではなく「起きる前に」伝える

　子どものケガの多くは、子どもが育つからこそ起こるものですから、逆に考えれば、「こういうことができるようになったら、そろそろこういうケガが起きやすい」とわかるということです。立ち上がろうとし始めれば、後ろや前に倒れるリスクが上がり、歩き始めれば、つまずくリスクが上がります。子どものケガのリスクは「起きてから」伝えるのではなく、発達の知識とセットにして「起きる前に」保護者に伝えることが肝要です。

「安全計画」にも「保護者への説明・共有」と

　2022（令和4）年12月、事務連絡「保育所等における安全計画の策定に関する留意事項等について」が厚生労働省から出されました。この中に、【児童の安全確保に関する取組について】②児童・保護者への安全指導等（2）保護者への説明・共有という項目があり、次のように記されています。

> ・保護者に対し、安全計画及び園が行う安全に関する取組の内容を説明・共有すること
> ・また、児童の安全の確保に関して、保護者との円滑な連携が図られるよう、安全計画及び園が行う安全に関する取組の内容について、公表しておくことが望ましいこと

　安全計画を策定する際には、いつ、どのような形で、安全に関する取り組みを保護者に説明したり公表したりするかについても決めておきましょう。

事故やケガについて話題にしやすい関係をつくる

　子育て支援の一環として、一人ひとりの成長発達をこまめに伝えつつ、それに伴うケガのリスクと予防の取り組みを伝えていけば、家庭での深刻事故予防にもつなげることができます。園内の掲示物や園だよりを活用して、普段から事故やケガ、安全について話題にあげることをお勧めします。

　本書では、保護者への事故やケガの伝え方についても具体的な例を示しつつ、ページを割いています。積極的に伝えることで、保護者との強い協力関係を築いていきましょう。

私の名前は「ワルモノくん」。
「そんなことをしているから大変な事故になっちゃうんだよ！」
と悪者ぶって見ていたいんだけど、実は気が小さくて…。
つい、「ほら、そこ危ないよ！」と言ってしまう。
あなたの園にもワルモノくんがいるかな？

園内で気づきを共有する

　本書では、危なさ（ハザード）やリスクを見つけ、深刻な結果（死亡、重傷、重症）を防いでいく方法をお伝えします。その時、大事なのは「ヒヤリハットを待ってはいけない」ということです。誤嚥窒息や絞扼（首が絞まる、引っかかる）、溺水などは、「今まで大丈夫だったから」と危なさ自体が見過ごされがちで、起きた時には手遅れということがあり得るからです（➡8ページの図）。ケガですら、「今まではたいしたケガになっていないから」と思いがちではありませんか？

「これは危ないかも！」と気づいたら伝える

　「遊具に縄跳びがかかっていたので、倉庫にしまいました。縄跳びは使う前後に必ず数を確認しないと！」、こんな気づきが絞扼事故を未然に防ぐかもしれません。「散歩のA経路、コンビニの所でビル工事が始まった。逆側を通ったほうがいいと思う」、こんな気づきが散歩中の事故を防ぐかもしれません。どちらもヒヤリハット以前の「気づき」ですが、園全体で気づいていくトレーニングであり、「気づいてくれてありがとう！」を増やすためにも役立ちます。

　気づきの共有にうってつけなのは、四角いフセン。今日から始められます。

気づき、ヒヤリハット、事故はできごと別に扱う

　遊具にかかっていた縄跳びと、散歩中に子どもがいなくなったできごとを、どちらも「気をつけましょう！」で終わらせていたら、事故は予測も予防もできません。事故（できごと）はそれぞれに検討のポイント、対策のポイントが異なるからです。

フセンで気づきの共有を

マ○○ーマーが割れてます！磁石が出てきたら危ない！
全部、点検するため事務室に引き上げました。
ありがとう！
土曜日に事務室でチェックします

朝の雨で遊具がぬれていて、子どもは長靴でのぼっていた。
滑って危ないなと思いました。（4歳クラス）
クラスで考えよう。来週の会議の時、時間あるかな

散歩のBルート、コンビニの横で水道工事が始まってました（通勤中に発見！）。散歩は反対側を通ったほうがいいのでは？
大事！ありがとう。周知して、散歩安全マップにも書きました

通路側、園庭のフェンスの内側にタバコの吸い殻が落ちていた。通行人？保護者？
初めて？
次に起きたら、市にも言って、貼り紙しましょう

　ケガや、子どもがいなくなった場合などのように、経緯を時間に沿って書き出し、「予防できた箇所があったとすればどこか？」と考える必要のあるできごともあります。フセンでは不可能なできごとです。こうした違い、できごと別の特徴を理解していくと、予防に活かすだけでなく、保育の質の向上にもつながります。

◆詳細はこちら

右記の二次元バーコードから（または、「保育の安全」で検索して）

「保育の安全研究・教育センター」https://daycaresafety.org にアクセス

→「安全」をクリック

→「2-6」と「2-8」の記事をクリック

「2-6」：ヒヤリハットを集める、活かす：気づいた人は気づいただけで100点満点！

「2-8」：ケガ事例と「いなくなる」事例の報告／予防策検討用書式

事故の報道、裁判例、法律等を知る

　未就学児施設で起きた事故やケガをめぐっては、大きく報道されることもありますし、裁判になることもあります。園で事故が起きた場合、園や職員が民事や刑事の責任を負うこともあります。民事の責任があれば高額な損害賠償金を支払うことにもなりかねませんし、刑事の責任が追及されれば有罪判決を受けることにもなりかねません。

全国ニュースや裁判なんて考えたくないけれど…

　たとえば、過去に子どもが亡くなっている事故と同じような事故が起きれば、事故が起こると予見できたにもかかわらず対策をしていなかったとみなされ、安全に配慮して保育を行う園の管理責任を問われることになります。そして、園の信頼を失うことにもなりかねません。

通知やガイドライン：「知らなかった」は通用しない

　未就学児施設は、保育園、幼稚園、認定こども園、家庭的保育、企業主導型保育園など多岐にわたり、施設や事業の種類によって、適用される法令が異なります。けれども、子どもの命に関わるような重大事故の発生リスクを下げる点から考えると、施設や事業の種類に関係なく、事故防止に関する通知やガイドライン[1]等は把握し、施設運営に反映すべきです。なぜならば、通知やガイドライン等は実際に起きた事故を反映して作られているからです。「知りませんでした」「読んでいませんでした」では、施設の管理責任が問われることにもなります。

---

[1]　たとえば、内閣府他「教育・保育施設等における事故防止及び事故発生時の対応のためのガイドライン」2016年3月

事故事例や裁判例から学ぶこと

　「自園では、ニュースになるような、裁判になるような事故は起きない」と思わず、過去に他園で起きた事例を共有、検討しましょう。事例検討の積み重ねが事故防止に役立ち、万一の事故発生時にも被害を最小化することにつながります。自園では経験したくないことだからこそ、他園の事故経験から学ばなければなりません。そして、事故が起きた際に、どういう形で責任を問われているのかも、知っていなければなりません。

　本書では、未就学児施設の法務相談を行っているレーヴ法律事務所にご協力いただき、未就学児施設における事故の事例や裁判例をコラム（Column）で紹介しています。ご活用ください。

Column 一覧

事故やケガが起きた時の対応と園の責任

●園での事故やケガ、対応への考え方

　乳幼児が成長発達する過程で、園であれ、家庭であれ、一度も事故やケガがなく、就学児まで育つ、などということはあり得ません。本書で説明する保育の価値とリスク、ハザードの考え方や保護者とのコミュニケーションを行いつつも、程度は大小さまざまですが、園で事故・ケガが起こることを前提に考えなければなりません。

　園の対応として最も重要なことは、起きた事故の内容、園児の状態・症状、その時点での情報とその精度（大人が誰も見ていないなかで事故・ケガが起きることもあります）に基づき、適切な応急処置や受診、救急搬送などの選択をすることです。

　2016年12月13日、神奈川県葉山町の公立保育園での死亡事故は、検証報告書によると、○6歳児が園内のウッドデッキで転倒し腹部を打った、○園児から「眠い寒い」という訴えがあり対応したが、意識はあり受け答えがあった、○迎え後の19時以降に容態が悪くなり、家庭より緊急搬送したが死亡した、○死因は腹部打撲による臓器損傷による出血性ショックであった、という事故です。報告書では、このような事態へのマニュアルがない、園児の変化を捉えて救急搬送すべきだった、などと指摘しています。このような状況（主に園児の主訴の程度）で救急搬送が必要かどうかを園が判断するのは難しいことですが、迷ったらとにかく受診する、救急車を呼ぶ（特に頭部や腹部を打った場合には）ということを基本にしていただきたいと思います。

●園の責任

　最低限、賠償保険に加入しておくことです。残念ながら、園の中で起きた事故で園児の命が失われたり、重篤な後遺障害などが残ったりした場合などに、そのようなことまで予期したり、防いだりすることは、簡単ではないと感じるような内容の義務・責任が園・職員にあるとして、損害賠償が命じられた裁判事例もあります。

　園内外の安全対策を超えて、園に、裁判で責任を負うか否かの法律上の根拠となる「安全配慮義務（≒園児の安全のために何をすべきだったか、という責任）」があるかないか、どのように考えられているかを、園や先生方が時間を費やして理解を試みても、効果的ではありません。

　重大事故の発生時に、園が負うべき責任はいろいろありますが、その中でも、法律上の賠償責任を担保するのが保険です。保険に入っていなければ、高額の賠償金の支払いが困難になることがあり得ます。このような事態は避けなければなりません。

　事故が発生した場合、園には説明責任もあります。被害児保護者や自治体、他の保護者に、園の認識・対応を説明できるように、事故に関わる記録をしっかりと残して、説明を試みましょう。自分たちだけではできないと思うなら、専門家などの外部の力を借りることも必要になるでしょう。説明責任というと、園が、社会全体やマスコミに対して説明することをイメージするかもしれませんが、事故が発生した場合にマスコミ等に説明する必要は必ずしもありません。マスコミ等への対応は大変に難しいものです。下手に立ち回ると社会の怒りの矛先が園に向くこともありますので、注意すべきです。

（レーヴ法律事務所　弁護士・保育士　柴田洋平）

第1章

できごと別
「危ない」の発見力アップ

リスクとは？ ハザードとは？
両者の関係は？

　皆さんも「リスク」という言葉はよく耳にすると思います。「この高さの遊具にはケガのリスクがある？」「このおもちゃを0歳児が口に入れるリスクは？」など。では、「ハザード」という言葉は？　「水害のハザード・マップ…？」。ハザードとリスクは同じこと？　まずはここから始めましょう。

◆◆ハザードは「危なさ」そのもの

　ハザードは「危なさ」そのもので、「とても深刻」から「まったく深刻ではない」までさまざまです。たとえば、階段は「高さ」があり、「角」もあり、落ちれば命にも関わりかねませんから、大人にとっても子どもにとっても深刻な危なさ（ハザード）です。一方、2㎝の段差は、大人にとってたいしたハザードではないでしょう。でも、歩き始めたばかりの子どもにとっては深刻なハザードです。

　未就学児はまだ何が、どのように危ないかがわかっていないため、子どもにとっては身のまわりにあるすべてがハザードです。大人が2㎝の段差につまずいて転び、命を落とす確率もゼロではありません。でも、未就学児に比べれば、深刻さはずっと下がるハザードが圧倒的多数です。

◆◆ハザードに危害の確率をかけたものが「リスク」

　リスクは、そのハザードによって人に危害が及ぶ確率です。簡単な式にすると、

> リスク ＝ ハザードの深刻さ × 人に危害が及ぶ確率の高さ

となります。この式からわかる通り、リスクは「ハザードの深刻さ」と「そのハザードで

人（子ども）に危害が及ぶ確率」の両面から考えることができます。

　たとえば、自動車はとても深刻なハザードです。でも、平日の昼間、園庭を自動車が走り回ることは決してないでしょう。ですから、

> **とても深刻なハザード × 園庭に車は入れない（危害が及ぶ確率はゼロ）**
>
> **＝ 園庭で交通事故が起こるリスクはゼロ**

と、ハザードが非常に深刻でもリスクはゼロにできるのです。

　ところが、2階建ての園舎で「危険だから」と階段をなくすことはできません。すると、

> **とても深刻なハザード × 階段の上下に柵をつけて鍵もかける**
>
> **＝ 子どもが階段から落ちるリスクは下がる**

となります。柵の鍵は大人がかけ忘れたり、子どもが開けたりしますし、保育者と一緒に降りている時に落ちることもありますから、「危害が及ぶ確率」はゼロにできません。でも、柵をつけることで、リスクは下げられるわけです。

　もうひとつ、未就学児施設には必ずあるハサミで比べてみましょう。裁ちバサミは子どもにとってはもちろん、大人にとっても深刻なハザードですから、

> **とても深刻なハザード × 保育室で使わない（危害が及ぶ確率はゼロ）**
>
> **＝ 裁ちバサミで子どもがケガをするリスクはゼロ**

…こうしたいところですが、実際は保育室に置き忘れたりもします（ヒューマン・エラー）ので、リスクはゼロになりません。そして、子ども用のハサミは、

> **あまり深刻ではないハザード × 使い方を学んだ子どもが使う**
>
> **＝ 子ども用ハサミで子どもがケガをするリスクは下がる**

となります。

　このように考えることで、施設内外のリスク、ハザードをどうやってコントロール（制御）していくかを明確にしていけるのです。本書では、この両面から安全を考えていきます。

「はさむ」「はさまる」

　「はさむ」「はさまる」というと、まず、ドアや扉に手や指をはさむことをお考えになるでしょう。では、どんな場所に手や指をはさみますか？　答えは「すき間」。すき間のサイズやはさまれた時の勢い、すき間の角の鋭さによっても危なさは変わりますが、命を失う可能性があるすき間もあることを理解してください。

◆◆ はさむのは手指だけではない

　体や体の一部をはさむと、腫れたりくじいたりするだけでなく、骨が折れたりもします。首をはさむと息ができなくなり（絞扼）、頭や体をはさむと動けなくもなります。そして、はさまった一瞬で切断や絞扼は起きてしまうのです。このようなきわめて深刻なすき間は大きく分けて4つあります。

◆◆ その1：大人には見えない狭いすき間

　子どもの指の太さはどのくらいでしょうか。未就学児（0〜5歳）の人差し指の幅は8mm〜10mmです（➡付録111ページ）[1]。そのため、5mm〜12mmのすき間は子どもの指や手足がはさまれたり巻き込まれたりするサイズとされています[2]。たとえば、引き戸のすき間、イスの座面と脚の接続部にあるすき間、床や壁にある換気口のすき間などがこれにあたります。

---

[1]　独立行政法人産業技術総合研究所デジタルヒューマン工学研究センター、公益社団法人日本インダストリアルデザイナー協会、特定非営利活動法人キッズデザイン協議会企画・監修『子どものからだ図鑑 キッズデザイン実践のためのデータブック』ワークスコーポレーション、2013年

[2]　乳幼児の指をはさむ可能性があるすき間は、直径5mm（6か月児の指の太さに相当）と12mm（6歳児の指の太さに相当）の円筒型プローブ（検査用の道具）をすき間に差し込んで調べます（参考：国民生活センター「樹脂製の折りたたみ式踏み台での指挟みに注意」2022年）。

◆◆ その２：体は抜けるが、頭が残る幅のすき間

　図の通り、３歳児の頭長は平均163mm、腹部の厚みは平均125mm。差は38mm（3.8㎝）もあります。つまり、手足や胴体は通り抜けても頭が引っかかる（首をはさむ）すき間があるのです。勢いがついてすき間の間に落ちると一瞬で首が絞まり、息ができなくなります。たとえば、ベランダの柵のすき間は「110mm以下」[3]とされ、東京都のガイドライン[4]では「90mm以下」を推奨しています。胴体だけがすり抜けてしまわないようにするためです。

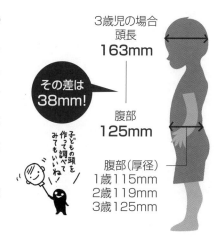

3歳児の場合
頭長
163mm

その差は
38mm!

腹部
125mm

腹部（厚径）
1歳115mm
2歳119mm
3歳125mm

子どもの頭を作って調べてみてもいいね！

◆◆ その３：開閉する場所のすき間

　さまざまな場所の可動部分に手指をはさむことがあります。たとえば、折りたたみ式の４人乗りバギーの支柱。バギーが開ききっていない状態だとすき間ができますから、イラストのようなことも起きます。ドアのちょうつがい部、ドアと壁の間、ベビーゲートの扉など、開け閉

めする部分は力がかかるため、切断や骨折が起きやすい場所です。おままごとキッチンの扉で指を不全切断する事故も起きています。エレベーターの扉もハザードです。

◆◆ その４：柔らかいすき間

　ヒモやロープなどの伸縮性のある素材の編み目部分にできるすき間は、指や手足、頭（首）、体が入り込みやすく抜けにくい特徴があります。たとえば、遊具に使われているネット状の昇降部分や通路部分、飼育小屋に張られたネットなどです。

＊３　JIS A 6601：2020「低層住宅用バルコニー構成材及び手すり構成材」
＊４　東京都「子育てに配慮した住宅のガイドライン」2016年

「のぼる」「よじのぼる」

「あんな所にはのぼれないはず…」と思っても、子どもはいろいろなものをつたいながら、のぼっていくものです。のぼることは子どもにとって大事な挑戦ですが、落ちると命に関わることがあります。まず、「のぼる」や「よじのぼる」ができる理由を考えてみましょう。

◆◆ 歩けなくても、よじのぼれる

「のぼろう」という意図がなくても、手や足を繰り返し上げて動かしていれば、いつの間にか高さのある場所にいます。また、手を伸ばしたりつま先立ちをしたりして、何かに指や足先をかけられさえすれば、自分の身長より高くても、手、腕、足の力でよじのぼることができます。

◆◆ 落ちたら危ない場所を探そう

「のぼる」「よじのぼる」は子どもにとって、全身を使った運動のひとつとも言えます。ですから、「子どもはどこにでものぼるもの」と考えて、「のぼれる、よじのぼれる場所＝落ちたら危ない場所」に目を向けてください。

たとえば、4歳児（平均身長約100㎝）は約70㎝の高さを乗り越えることができます。体の大きさや身体能力のデータも手がかりになります（➡付録110〜113ページ）。

年齢	乗り越えられる高さ（mm）	
	平均	最大
4歳	695	850
5歳	848	1,000
6歳	947	1,125
7歳	1,023	1,125

［出典］独立行政法人産業技術総合研究所デジタルヒューマン工学研究センター、公益社団法人日本インダストリアルデザイナー協会、特定非営利活動法人キッズデザイン協議会企画・監修『子どものからだ図鑑 キッズデザイン実践のためのデータブック』ワークスコーポレーション、2013年

◆◆ 踏み台、足がかりになるもの

のぼる、よじのぼる道具になるのが、イス、テーブル、大型積木、道具箱、家具の引き出しなどです。片付けておいても、子どもが運び出すこともあります。子どもは周囲の大人の行動をいつも観察していますから、しまった場所はわかっていますし、どうやって使うかもわかっています。

また、たとえば3歳児の足の親指先端の厚みは平均1.2cmですので、数cmのすき間でも、足がかりにできます。

東京都のベランダの手すりに関する検証実験でわかったこと

ベランダの手すりの高さは、安全のため建築基準法施行令で110cm以上と定められています。しかし、東京都が行った実験では、手すりの高さ110cm、足がかりの高さ65cmの柵をよじのぼることができた4歳児は8割を越えました。高さが110cmあるから安全ということはなく、足がかりの有無や手すりの形状ものぼりやすさに関係しています。

［参考］東京都商品等安全対策協議会「子供のベランダからの転落防止のための手すりの安全対策　報告書」2018年

◆◆ のぼると崩れやすいもの、倒れやすいもの

「のぼる＝危ない」ではありません。のぼって落ちたり倒れたりすることが事故のリスクなのです。たとえば、2つ以上重ねたソフト積木や大型ブロック、巻いて立ててある体操用マット、重ねたイスやコット、固定していない仕切り棚などは、のぼろうとする力で崩れたり倒れたりします。

1-4

「落ちる」

「のぼる」「よじのぼる」、そのものが危険なわけではないと前項で書きました。のぼった場合、その後に「落ちる」や「倒れる」が起こる危険があり、そこが問題になります。そして、高さが高いほど、落ちた時、倒れた時の危なさが増しますが、高さはさほどでなくとも落ちた場所や打った体の部位によっては、深刻な結果につながります。

◆◆ 落ちると危ない場所

落ちると特に危ない場所は、硬いコンクリート面、踏み固められた土、フローリングなどです。落ちた床の材質が木製フローリングの場合と、EVA樹脂製*1 クッションマットの場合とで比較した研究によると、頭部を打った時に重傷を負う確率はクッションマットによって大幅に下がります。

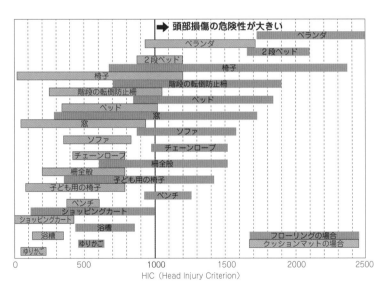

身の回りの製品に起因した転落による重篤な脳損傷の可能性
3歳児モデルを用いたシミュレーションの結果

［出典］西田佳史、山中龍宏編著『保育・教育施設における事故予防の実践　事故データベースを活かした環境改善』中央法規出版、2019年、p113

---

*1　EVA樹脂は衝撃を吸収する素材として使われています。

◆◆ 落ちる＋ぶつかる場所

落ちた時、または落ちる途中に体のどこを打つかは、その時々で異なります。「落ちる＝単純に高い所から地面に落ちる」ではありません。たとえば、ジャングルジムの内側を落ちたら鉄の棒に頭や体を打ちつけます。複合遊具も同様です。落ちる時、落ちた時に頭部や腹部を強打すると、命を奪うこともあります。途中で頭（首）が引っかかって窒息することも。

ターザンロープで勢いがつき、支柱にぶつかって落ちることも。

落ちる時に頭部や腹部を強打すると、命を奪うこともあります。

途中で頭（首）が引っかかって窒息することも。

◆◆ 落ちる＋動けなくなる場所

子どもは狭いところに入るのが大好きです。たとえば、積んである跳び箱の枠や巻いて立ててある体操用マットによじのぼって中をのぞいたら…、頭から落ちるかもしれません。空間が狭いと、逆さ吊り状態で動けなくなる

過去の死亡事故

小学生が車の後部座席から、サブトランクにあったボールを取ろうとして逆さになったまま動けなくなり、心肺停止の状態で発見されました。首に体重がかかったことにより息ができなくなったと推定されています（2017年）。

バスケットボール

サブトランクのフタ

サブトランク

こともあります。また、奥のほうにある玩具を取ろうと無理な姿勢になり、頭が下になって動けなくなることもあるでしょう。

「引っかかる」

　頭や首のまわりにヒモ状のものが引っかかると首が絞まり、息ができなくなることがあります。「引っかかる」はきわめて危険です（棒などのすき間に、直接、首が引っかかることもあります）。

◆◆「引っかかる」が危ない理由

　たとえば、すべり台を滑ろうとした時、身に着けていた園バッグのヒモがどこかに引っかかったら…、一瞬で首つり状態になります。引っかかった時に転んだり落ちたりして勢いがついていると、一瞬で首は絞まってしまうのです。このような事故では何人もの子どもが亡くなっています。

◆◆引っかかる場所

　引っかかる場所は、突起、出っ張り、すき間、破損した箇所にできた小さなすき間などです。ドアノブ、コート掛けやタオル掛けのフック、遊具の突起、遊具や家具の破損箇所など、あらゆる場所にあります。

◆◆ 引っかかるもの

　引っかかる場所は
どこにでもあります
ので、まず、頭や首
まわりにあるヒモ状
のものは命を奪う可
能性があることを理
解してください。た

とえば、よだれかけやフードの付いた服の首回りのヒモ、帽子やヘルメットのヒモ、園
バッグのヒモなどです。東京都の調査[*1]では、「着ている衣服が原因で子どもがケガをし
たり危ない目にあったりした経験がある」と77％の保護者が回答しました。

　子どもの側にヒモ状のものがなくても、環境の中に首を引っかけるものがあれば、命を
奪うリスクがあります。ブラインドなどのヒモ、あらゆるコード類、縄跳びのヒモといっ
たものが放置されている場合です。

子ども服の安全基準 JIS L4129 （よいふく）

　子ども服による事故を防ぐため、事故の専門家やメーカーなどが集まり、2015年に安全
基準（JIS L4129）が制定されました。入園のしおりなどで、安全基準で禁止されているヒ
モの例を示して、ヒモの付いていない服の着用を保護者に伝えましょう（➡101ページ）。

安全基準で禁止されているヒモの例

［出典］JIS L4129:2015 「子ども用衣料の安全性―子ども
　　　　用衣料に附属するひもの要求事項」

［参考］「その服「カワイイ」だけで選んでいませんか？
　　　　『ひもがついた子ども服』の思わぬ事故！」（政府イン
　　　　ターネットテレビ）

---

*1　東京都、商品等の安全問題に関する協議会「子ども用衣類の安全確保について」2007年

1−6

「詰まる」「飲み込む」

　子どもは飲み込んだり吐き出したりする力がまだ弱く、「詰まる」が起きやすい発達段階にあります。そして、「詰まる」は命の危険に直結します。

◆◆ 誤飲と誤嚥の違い

　「誤飲・誤嚥」とひとまとめにされがちですが、この2つは異なるできごとです。

　体の中に取り込んではいけないものを飲み込み、食べ物の通り道（食道）以降に入ることを「誤飲」と言います（子どもの場合、食べ物や飲み物の誤飲もあります。例：ハチミツ、酒類）。

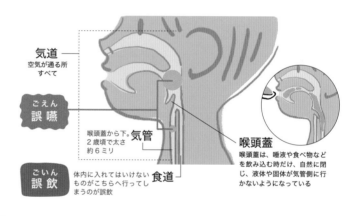

気道
空気が通る所
すべて

ごえん
誤嚥

ごいん
誤飲

喉頭蓋から下。
2歳頃で太さ
約6ミリ　気管

体内に入れてはいけない
ものがこちらへ行ってし
まうのが誤飲　食道

喉頭蓋
喉頭蓋は、唾液や食べ物など
を飲み込む時だけ、自然に閉
じ、液体や固体が気管側に行
かないようになっている

　一方、ものが空気の通り道（気道）に入ることを「誤嚥」と言います。誤嚥によって喉や気管がふさがれる（閉塞する）と息ができず、誤嚥窒息になります。

◆◆ 誤嚥窒息しやすい「つるつる」「コロン」

　誤嚥窒息は、喉に詰まる場合と気管（食道との分岐部以下）に詰まる場合に分けられます。喉には、表面がツルっとしていて丸いもの（例：ミニトマト、白玉、スーパーボール等）が詰まりやすく、気管には材質にかかわらず、mm単位の小さなものも詰まります。

◆◆ 誤嚥の時に起きていること

食べたものは本来、気管の側には行かないようになっています。なぜ、どんな時に気管の側へ行ってしまうのでしょう。それは「急に息を吸い込む状態になる」時です。

笑った時、泣いた時、驚いた時など、合間に大きく急に息を吸い込みます。この時、

口の中に何か入っている時に
息を急に吸い込む状態になると気管に入りやすい

口の中に何かがあれば気管の側に吸い込まれてしまう可能性が高くなります。上を向いて食べ物を口に入れる、イスに反り返って食べる、歩きながら食べるなども危険です。

◆◆ 飲み込むと危ないもの（誤飲）

誤飲の危なさは、飲み込んだものの特徴と形が関係しています。たとえば、画びょうや安全ピン、魚の骨などの刺さるものや、薬の包材やシールなどのプラスチック片は、体内で引っかかったり傷つけたりすることがあります。薬や消毒液などの化学物質ももちろん危険ですが、ボタン電池、磁石、水を含むと膨張する素材を使ったビーズや雑貨なども誤飲後に体内にとどまってしまう危険性があり、その場合、重症度が高くなります。

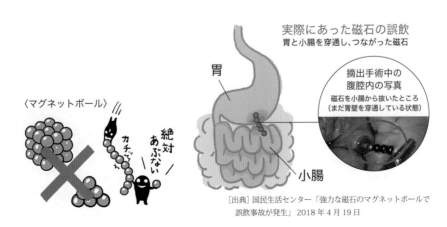

実際にあった磁石の誤飲
胃と小腸を穿通し、つながった磁石

〈マグネットボール〉

絶対あぶない！

胃

摘出手術中の
腹腔内の写真
磁石を小腸から抜いたところ
（まだ胃壁を穿通している状態）

小腸

［出典］国民生活センター「強力な磁石のマグネットボールで
誤飲事故が発生」2018年4月19日

1−7

子どもを「閉じ込める」

◆◆「狭くて閉じられた場所」自体は危険ではない

　送迎車両だけでなく、園庭や園舎にある物置、資材庫、トイレ…。子どもを閉じ込めてしまう場所は複数あります。ですが、「狭くて閉じられた場所に閉じ込めた」だけなら危険ではありません。子どもはその場所から出ることができないわけですから。

　一方、その場所に水やヒモなど、子どもの命を容易に奪うハザードがある。その場所の気温や湿度が上がる（熱中症の原因ハザード）。あるいは、閉じ込められた子どもがパニックになり、窓によじ登って飛び降りようとする。こういったことはきわめて危険です。

　「送迎車両が危ない」と短絡的に考えることで、深刻なハザードの本質を見誤らないようにしてください。

◆◆「取り残さない」「閉じ込めない」は簡単

　「定期的に人数確認」という対策は、「狭くて、閉じられた場所」の場合、効果的ではありません。他のハザードがあれば、子どもの命は短時間で奪われ、人数確認をした時には手遅れだからです。

　「狭く」「閉じられている」のですから、「取り残さない確認」を確実にする。でも、実はその前に、「むやみに鍵をかけない」。子どもはどこへでも入り込みます。居眠りをします。だから、「ここは閉じ込める」とわかっている場所に鍵をかける時は、まず、「誰もいない！確認」を。

誰も
いない！

◆◆「誰もいない！ 誰もいない！」＝声出し指差し確認

黙って確認していたら、うわの空になります。きょろきょろと見回しているだけでは、目の前に子どもがいても見えません。声を出して自分の脳に「誰もいないよ！」と言い聞かせ、指を向けて、視線をはっきりそちらに向けます。確認行動の基本です。

この時、してはいけないのは、「誰かいる？ いたら返事をして」と呼びかけること。子どもは居眠りしているかもしれませんし、「（「物置には入るな」と言われているのだから）先生に怒られる」と思って出てこないかもしれません。「誰もいない！」と大人が確認しましょう。

◆◆ 子どもに入ってほしくないすき間や空間は、埋める

もうひとつ、子どもがすき間や空間に入り込むこともあります。「ここは入ったら危ない」「気づかなかったら怖い」と思う場所には、備蓄用資材や災害時用の毛布などを詰めておくのも一策です。

ただし、どこに何を入れたかは地図を作って記録を。

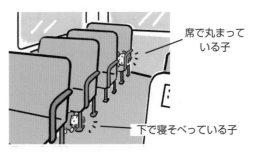

席で丸まっている子

下で寝そべっている子

取り残して、そこが暑かったら危ない！

職員が送迎バスの後ろまで行って、

後ずさりをしながら、席と、席の下を「誰もいない！」と声出し・指差し確認

誰も
いない！

席の下に
いない！

「○○ちゃんがいない！」
…園外保育中のリスク

◆◆ どこへ行ったかがわからないタイプの「いなくなる」

　「公園で子どもがいなくなる」や「園舎から子どもが出ていく」は「閉じ込めた＝そこにいる」とは異なり、「どこへ行ったかがわからない」できごとです。

◆◆ 人数確認は、いなくなった事実に気づくだけ

　定期的な人数確認が対策として強調されがちですが、人数確認はあくまでも、「一人、いないよ…。あ、○○ちゃんだ！」と気づく方法であり、いなくなること自体を防ぐ方法ではありません。たとえば、その公園を出てすぐ、信号のない、車が死角から飛び出してくる場所があったなら、人数確認をした時にはすでに手遅れかもしれないのです。

◆◆「いなくなる」予防には、子どもの数を減らす

　「園外保育に同行する職員を増やす」が対策のように考えられています。でも、子どもの数が多ければ、大人の数をいくら増やしても予防にはなりません。子どもは動き回り、死角もたくさんあります。保育者は監視者ではなく、子どもたちと常に関わっていますし、トイレにもついていきます。いつの間にかいなくなっている子どもがいても気づけなくて当然です。

　園外保育で子どもがいなくなるできごとを防ぎたいのであれば、一度に出かける集団の数を十数人にしましょう（結果、散歩が一日おきになるかもしれません）。子ども集団全体が十数人であれば、たとえば3人の職員でなんとか常に見ていられるでしょう。それも、その集団の中にいる子どもによりますから、大丈夫と言い切ることはできません。

園外保育中に、子どもを見失わないためには？　子どもを減らす

子ども27人・保育者5人

子ども15人・保育者3人

ビブスや体操服の色で子どもを数人の小グループに分けると数えやすい

青グループ 6人います。

緑グループ 4人います。

赤グループ 4人います。

公園で出会う
他園の保育者とも協力

　「保護者に『毎日、散歩へ行って』と言われる」…、その時は「お子さんの命をお預り
しているのは私たちです。私たちは子どもたちをただ見守っているわけではありませんの
で、この人数でなければ無理です」と伝えましょう。子どもに万が一のことがあった時、
保護者は責任を取れないのですから。

子どもが園舎や園敷地から出ていくリスク

◆◆「出ていく」原因が保護者の行動である場合も

　子どもが園舎から出ていく、園の敷地から出ていく、これも多発するできごとですが、原因のひとつは、送迎時間中、保護者が子どもから目も手も離す、玄関や門扉を開けたままにしておくといった行動です。この時間帯、保育者は保育をしながら保護者と話をしているのですから、「職員は子どもを見られない」という事実を保護者に伝え、子どもの安全を確保する責任の一端を保護者に渡すことが不可欠になります（➡86ページ）。

◆◆保育者の仕事は、子どもを監視することではない

　保育時間中は保育者の責任ですが、配置が足りないことは横に置いても、保育者の本来の仕事は子どもを監視することではありません。そして、一人の子ども、数人の子どもと関わりながら、その向こうにいる子どもたちの動向を見守ることは誰にもできません。
　一方で、子どもが敷地から簡単に出られる構造になっている園は少なくありません。高いフェンスを付ければ「まるで牢屋のよう」と言われ、逆に柵がなく、子どもが外へ出ていけば「見ていないなんて」と責められる。二重規範が園を苦しめています。

◆◆「出ないで！」は効果がない

　未就学児は、自分の行動と起こり得る結果の因果関係を理解していません。「死」の概念もまだ育っていないため、自分の行動が命に関わるという認識もありません。「やってみよう！」や「こうしてみたらどうなるかな？」があるだけです。あるいは、鍵をさわっていたら開いた、開いたから出た、でしょう。「出ないで！」と言っても効果はありません。

◆◆ 自園の環境の特徴をもとに判断と対策を

　対策は、それぞれの園で異なります。たとえば、「玄関ドア以外からは敷地の外へ出られないが、玄関ドアを出たら門扉は簡単に開けられて、道路は目の前」なら、玄関ドアを二重、三重の鍵にする、または、玄関ドア手前の廊下に引き戸を付けるという方法が考えられます。「敷地から簡単に外へ出られる」なら、園庭で遊ぶ時以外は子どもが園舎から出ないようにする、フェンスを張りめぐらす、といった取り組みが必要です。あるいは、敷地外に出ることを当然と考え、保護者だけでなく近隣にも「園は開放的な環境ですので、園児が周辺を歩いていたら声をかけてください」と伝えておくという方法もあり得ます。「自園の環境で、どこまで、どの程度、防ぐか」という判断と具体的な対策が重要です。

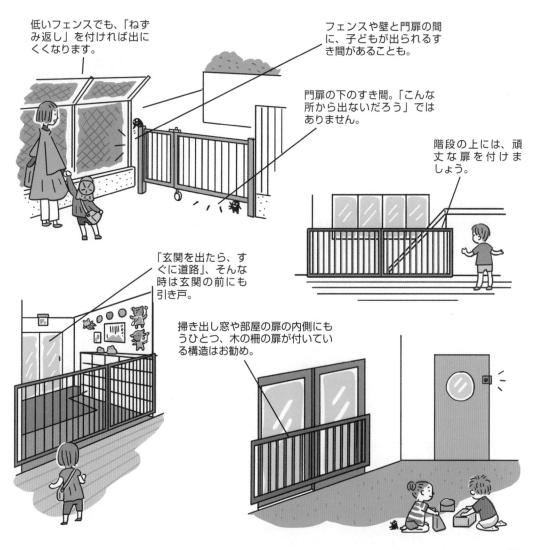

低いフェンスでも、「ねずみ返し」を付ければ出にくくなります。

フェンスや壁と門扉の間に、子どもが出られるすき間があることも。

門扉の下のすき間。「こんな所から出ないだろう」ではありません。

階段の上には、頑丈な扉を付けましょう。

「玄関を出たら、すぐに道路」、そんな時は玄関の前にも引き戸。

掃き出し窓や部屋の扉の内側にもうひとつ、木の柵の扉が付いている構造はお勧め。

首が絞まった事故

●遊具にヒモが引っかかった事故

　50年近く前の事故です。愛媛県松山市の公立保育園で、帰宅前の園児が、肩からカバンをかけてすべり台で遊んでいたところ、カバンのヒモがすべり台に引っかかってしまい、園児の首が絞まり、窒息死した事故がありました。手すりの外枠の鉄製パイプの上端部と踊り場の支柱の間にすき間があり、そこにヒモが引っかかって起きた事故でした。

　保護者が園を運営する市に対して起こした裁判で、裁判所は、①このすべり台は園児の遊具として安全性を欠く、②すべり台を設置・管理する園（＝市）に法律上の賠償責任がある、として損害賠償を認めました。

　ヒモは比較的、引っかかりやすく絡まりやすいですが、ヒモがなくても衣服や荷物が引っかかって死亡事故が起きることもあります。家庭は別として、集団保育を行う園では、事故防止のために、ヒモやパーカー、上着のポケットなどがない衣服をなるべく園児に着せるよう保護者に依頼し、それでも、ヒモ等の付いている衣服を園児が着ていた場合には、たくしこんだり、着替えさせたりするようにしましょう。他方で、園児の様々な保育・教育の取り組みなどもあり、園の中からすべてのヒモ状のものを無くすことは不可能なこともあり、残念ながら、首がはさまる・引っかかるなどで園児の命が失われる事故はゼロにはなりません。そのようなニュース・事故事例のたびに、保育者が、保護者とともに、事故のリスク・可能性を理解し、日々の保育の中から、価値のないリスクを排除していくことが必要です。

●遊具の加工、園の責任

　2021年10月には、岡山県岡山市の私立保育園にて、園庭の遊具のすき間に首がはさまり死亡する事故が起きました。遊具の事故部分が、もともと園児が通り抜けできる場所であったところ、通り抜けの際に頭をぶつけることがあったため、通り抜けしないように園が独自に設置した柵によって生まれた約20cmのすき間で起きたものでした。

　遊具のメーカー・販売元が法律上定められた製造物責任等を負う場合もありますが、このように購入した園が独自に加工をした場合は、園がすべての責任を負うことになります。

　現代の日本社会では、仮に遊具の危険や事故の原因がメーカー・販売元にあるような場合でも、危険な遊具を置いていた園・施設が悪い、と社会の批判を受けます。設置する遊具を園が見定める必要もありますが、危険な箇所に気づいたり、事故が起きたりした時には、メーカーに伝え、再発防止につなげてください。

　園児が頭をねじ込む、あるいは、足から入っていきたくなるすき間は、園のどこかに必ずあります。どこまで行けるか、こんなことはできるかという園児の探求心・向上心を尊重することに価値はありますが、そのために命をかけるリスクを負ってまですき間を用意する必要はありません。本書で示した視点で、危険なすき間を探し出し、可能な限りふさぎましょう。

（レーヴ法律事務所 弁護士・保育士 柴田洋平）

ミニホップの窒息事故

●窒息事故と裁判

　2002年、新潟県長岡市の幼稚園の遊戯室内で、すべり台付き遊具の格子状の編み目からなるネットと、缶ぽっくりに類似するミニホップという遊具（缶の上部分2か所を端にして一本のひもをつなげたもの）を首に絡ませて園児が窒息死するという事故がありました。園児の保護者が園と園長に対して損害賠償請求をしたほか、業務上過失致死罪に当たるとして園長と主任教諭が起訴されました。

　最終的に、民事裁判で保護者に対して園側が損害賠償金を支払う和解が成立したこともあり、園長と主任教諭とがともに罰金刑となりました。

　刑事裁判で問題になったのは主に、ミニホップが絡まって園児が死傷する事故が園にとって予測可能なものであったかという点です。全く予測不可能な事故については、法律的には責任を負わないとされるからです。

　この点について裁判所は、肩にカバンをかけたまますべり台に乗った幼児の死亡事故が広く知られており、ヒモ等を身に着けたまま遊ばせないように指導することが事故防止対策の一つとされていたことや、当該園内でもショルダーバッグやなわとびが首を絞める事故につながると注意されていたことなどを踏まえ、ヒモ付きの物を持ったまま遊具で遊ぶことの危険性は園長らにとって十分認識可能だったとし、ミニホップが絡まることによる事故も十分予測可能であったと指摘しています。

　このような予測可能性を前提に、ミニホップなどの園児にとって危険な遊具を園児の手の届かないところに保管・管理する義務があるのにこれに違反したことと、部下である職員に対し、園児がミニホップを所持したまま遊具で遊ぶのを防ぐよう指示する義務があるのにこれに違反したということで、園長と主任教諭が有罪と判断されました。

　また、他の職員についても、園児らの動きを適切に監視できていなかったことが指摘されていました。

●園児の安全と物品の「形状」

　ヒモやなわとびに関しては、「窒息の危険がある道具」であることを日頃から頭に思い描き、園児が職員の目が行き届かないところで勝手に使うことがないよう管理をしなければなりません。この他、「形状の危険性」という点では、低年齢児の誤飲の可能性のある小さな玩具などについても、玩具として園に導入しない、リスクのある年齢の園児が手にすることがないように使い終わった後に所定の場所に片付けるなどの運用をするなど、工夫することが求められます。

（レーヴ法律事務所　弁護士　板垣義一）

園外に出て水路で溺死

●敷地境界の生け垣と水路での溺水事故

　2006年に、千葉県東金市の公立幼稚園の園児が、園敷地脇の用水路に転落して溺死する事故がありました。

　事故当日は、入園を検討している親子が園での指導内容を体験するイベントを行っており、園児も母親・弟と参加していました。11時頃、園庭遊びが行われ、その15分後、保育者は園児に園庭遊び終了の指示をして給食の準備に取りかかりました。11時25分頃、園児が見当たらないことに気づき、探したところ、園敷地に沿って流れる用水路で、うつ伏せに倒れた園児を発見し、救急搬送しましたが、死亡が確認されました。

　園敷地のすぐ脇を、幅約80cmの用水路が敷地に沿ってあり、この用水路と園庭の間には、高さ1mの木の生け垣が柵として設置されているだけでした。この生け垣は、木の中部から上部は枝葉が密集しているものの、根本付近には枝葉が生えておらず、木の間隔が広くなっている部分もありました。

　園（市）と保育者らに対して損害賠償を請求した民事裁判において、裁判所は、園庭と用水路との間の生け垣の根元部分には、園児がくぐり抜けられる大きさのすき間が多数存在していた、園児がすき間を抜けて園外に出て、その場合には用水路に転落するなどの事故が起きることを予見できたとして、管理者には、園児が一人で園外に出られないような安全対策を講ずべき注意義務を怠った、現場の保育者については、園児らの動静を注視しその安全に配慮すべき注意義務を怠った、と認定しました。

●敷地の管理と園児の出入り

　施設にあるすき間から園児がくぐり抜けて外に出て行ける箇所はないかなど、大人であれば危険がない箇所についても、園児の視点に立って危険か否かを再度総点検し、必要ならば対策を講じてください。

　園児が勝手に園・敷地から出て行かないようにすることは園の基本です。原則として、経年変化の少ない人工物の柵を敷地全体に設置することが必要です。また、人工物であっても、定期的な点検や補修は必要となります。

　設備面は整えるとしても、他方で、園には職員、保護者、関係業者など日々多数の大人が出入りします。園児が意図せず出ていってしまうリスクはゼロにできません。そこはソフト面、人間の工夫でリスクを潰していく必要があるでしょう。

（レーヴ法律事務所 弁護士 今西淳浩）

「ものと環境×体の大きさ×発達段階」
で考える

2−1

子どもの成長・発達から
ハザードを見つける

　第1章では、深刻なハザード（危なさ）の見つけ方をできごと別に取り上げました。第2章では、子どもの体や成長・発達の点から深刻なハザードを見つけていきましょう。

◆◆ 子どもの体の特徴

　子どもにはまず、頭部が大きく、重いという特徴があります。はいはい、つかまり立ち、よちよち歩きなど、段階を経て少しずついろいろなことができるようになっていくという特徴もあります。つかまったり、支えたり、ぶら下がったりする筋力も最初からあるわけではなく、いろいろなことができるようになっていく中で、少しずつついていくものです。もうひとつの特徴は、成長・発達に早い遅い（個人差）はありますが、成長・発達の順序は誰でも同じだという点です。

　では、こうした特徴は、安全とどんな関係があるのでしょうか。

◆◆ 成長・発達と安全との関係

　前章で「体は抜けるが、頭が残る幅のすき間」を取り上げましたが（➡21ページ）、この危なさは「頭が大きい」という特徴と関係しています。また、「子どもはよく転ぶ」と言いますが、転び方（尻もちをつく、後頭部や顔面を打つなど）は発達段階によって異なります。同じ5cmの段差を、はいはいなら乗り越えられても、よちよち歩きではつまずき、転びます。

　子どものケガの多くは、子どもが育つからこそ起こるものですから、「子どもの体の特徴＋成長・発達」というセットで考えるとハザードが見えてきます。次の項から説明していきます。

◆◆ 子どもの行動は制御できない

　子どもは体全体を動かし、いろいろなことに興味を持ち、なんでも試して育っていきます。周囲の大人の行動をいつも観察していますから、危ないものを片付けても、見つけ出します。ケガをしないようにと、子ども自身の行動を制御することは不可能ですし、それでは子どもが育つことはできません。

　できないことができるようになっていくことは成長・発達そのものですが、危なさでもあります。一方、成長・発達の順序は絶対に変わらないという点は、予防に活かせる特徴でもあります。「○○ちゃんはこの動きができるから、こういうことをし始めるだろう＝こういうことが危なくなるだろう」と予測を立てられるからです。これは、高齢者の事故予防と比較するとよくわかります。高齢者の場合、身体機能の衰えがどこから始まるか、どう進むかが個々にまったく違うため、事故予防は一人ひとりの対応になります。

子どもの安全規格の序文に書かれていること

　世界で子どもの安全の基本として使われている「ISOガイド50」[1]をもとに、日本で作られた子どもの安全規格[2]があります。その序文にはこう書かれています。

　「子どもの探索行動又は事物への興味及び関心を示す行動は、子どもの成長・発達過程において自然な行為であり、発育に必要な行為である。一方で、子どもの事故には子ども特有の行動特性及び心理特性に起因しているものも多い。重要な点は、子どもの自然な行動を阻害することなく、かつ、重篤な事故につながらない対策を打つことである。」

＊1　ISO/IEC Guide50:2014 Safety aspects-Guidelines for child safety in standards and other specifications（安全側面―規格及びその他の仕様書における子どもの安全の指針）
＊2　JIS Z 8150:2017「子どもの安全性―設計・開発のための一般原則」

「頭が大きい」特徴によって起こる事故

子どもの頭は大人に比べて、どのくらい大きいのでしょうか。子どもの体をそのまま大人の身長に引き伸ばしてみると、右のイラストのようになります。子どもは体の大きさに対して頭が大きく、頭のほうに重心があります[1]。この特徴のために起きやすい事故があります。

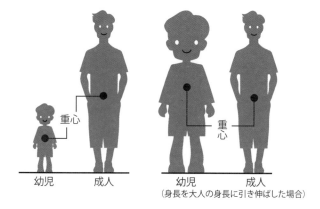

幼児　成人　　幼児　成人
（身長を大人の身長に引き伸ばした場合）

◆◆ 子どもの頭の大きさ

まず、子どもの頭の大きさは？図の通り、頭部を3方向から測ると、頭高（頭頂から顎）＞頭長（前後）＞頭幅（左右）の順に長く（厚く）、腹部（厚径）はこのどれよりもさらに薄いことがわかります。そのため、足、胴体が通り抜けて頭がはさまってしまうことがあるわけです[2]。

子どもは頭が一番大きい
A＞B＞C＞D

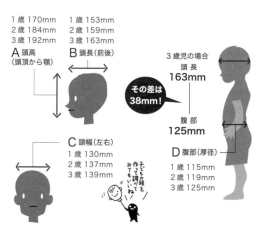

A 頭高（頭頂から顎）
1歳 170mm
2歳 184mm
3歳 192mm

B 頭長（前後）
1歳 153mm
2歳 159mm
3歳 163mm

C 頭幅（左右）
1歳 130mm
2歳 137mm
3歳 139mm

D 腹部（厚径）
1歳 115mm
2歳 119mm
3歳 125mm

その差は38mm！

3歳児の場合
頭長 163mm
腹部 125mm

子どもの頭を作って調べてみてもいいね！

●数字は平均値。腹部がもっと薄く、狭くても通り抜けてしまう子どももいます。

---

[1]　昆恵介「義肢装具学のための知識 重心と力学的安定について」

[2]　独立行政法人産業技術総合研究所デジタルヒューマン工学研究センター、公益社団法人日本インダストリアルデザイナー協会、特定非営利活動法人キッズデザイン協議会企画・監修『子どものからだ図鑑 キッズデザイン実践のためのデータブック』ワークスコーポレーション、2013年

◆◆ 頭は入らないから大丈夫?

　大人の目からは、はさまりそうに見えないすき間。ところが、下のイラストの通り、押しこんだり回転させたりすると頭が入ってしまうことがあります。入ったのだから抜けるのでは? いえ、子どもは「なぜ今、頭が入ったか」を理解していませんので、自分で抜くことはできないでしょう。

　そして、何より危険なのは、首だけでぶら下がってしまった時です。絞扼は一瞬で起きてしまいます。

◆◆ 頭が重いから起こること

　のぞきこんだり、前のめりになったりすると、頭のほうに体が傾きます。子どもは特に体全体に対して頭が重いので、体を起こして元に戻ることは難しくなります。そのまま頭から落ちたり、動けなくなったりします。たとえば、ベランダや窓、柵からの転落、バケツや便器などへの落下です。

43

見え方が違うから起こる事故

　子どもの視力が大人と同じくらいになるのは3〜6歳です。「視力が大人と同じ」と言っても、ただ「見える」だけでなく、見えているものが何なのかが認識できるようになることも不可欠です。「ちゃんと見ていない」のではなく、「（大人と同じようには）見えていない。わかっていない」という点を理解しておく必要があります。

◆◆ 子どもの見え方の特徴

　子どもの視力は、1歳で0.2、2歳で0.5、3歳で0.6〜0.9、5歳で1.0以上となります[*1]。2、3歳まではぼんやりとしか見えていません。また、大人と子どもでは身長もまったく違いますから、同じ方向を見ていても、大人と同じ範囲は見えません。

チャイルドビジョンで子どもの見え方を体験してみよう

　子どもの見え方を実感するためのツールに「チャイルドビジョン」があります。型紙を公開しているサイトがありますので、園内研修等でぜひ使ってください。

[チャイルドビジョン]
大人が幼児の視界を擬似体験できる紙製のメガネ
（制作：テラダクラフトスタジオ　寺田松雄）

[参考]
「東京都版チャイルドビジョン」

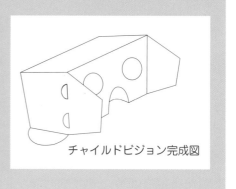

チャイルドビジョン完成図

---

*1　公益財団法人日本眼科医会「3歳児健康診査における視覚検査の円滑な実施と精度管理のための手引書」2023年

◆◆ 子どもが見ている世界

　子どもには、世界がどのように見えているのでしょうか。なぜ、周囲を見ながら、考えながら動かなければならないか、その理由を子どもはまだ知りませんから、自分が見たいものを見、自分がしたいことをします。園庭であれば、周辺で動いているもの（走ってくる子どもや三輪車など）が目に入りません。頭上や足元も目に入らず、木の枝や遊具の端に頭をぶつけたり、段差や穴につまずいたりします。保育者が「危ないよ」「ぶつかるよ」と声をかけても、子どもには「なにが？」「なんで？」なのでしょう。道路を渡ろうという時も、大人と子どもの注意、行動はまったく違います。

◆◆ 見え方が違うために起こること

　子どもは周囲に注意を払うこと自体が難しく、2歳頃までは視力も低いため、つまずきやぶつかりはどうしても起きます。ですから、子どもがつまずいたりぶつかったりすること自体を予防しようとする以上に、つまずいたりぶつかったりした時に深刻な結果になるかもしれない場所、環境に目を向けましょう。子どもの頭や顔の高さに、突起、出っ張り、鋭い箇所はありませんか。たとえば、テーブルやロッカーの角、ドアノブ、遊具の出っ張り部分などです。そうした場所が深刻なケガなどにつながるのであれば、つまずいたりぶつかったりが防げるかどうか、それが可能なら、つまずいてもぶつかっても結果が深刻にならないような方策を取りましょう。

握る力、体を支える力が未熟だから起こる事故

　立ったり歩いたりぶら下がったりと、成長・発達とともに子どもはいろいろなことができるようになりますが、握る力や体の動きを支える力は未熟であり、不安定です。このような特徴から起きやすい事故があります。

◆◆ 子どもの握力は大人の10分の1

　研究によると、2歳児の握力は 2.31 〜 3kg です[1]。18歳女性の平均握力は 25.7kg[2] ですから、子どもはこの約10分の1。握ることはできても、握った状態を続けたり、物を握って体を支え続けたりする力はまだ弱く、すぐに手が離れてしまいます。手や指の動きが少しずつ発達するように、握る力も少しずつついていきます。

◆◆ 握る力が未熟だから起こること

　握る力は、つかまり立ちをする時、道具を使う時、遊具で遊ぶ時など、いろいろな場面で必要になります。その力が弱いため、尻もちをついたり、転んだり、ものを落としたり、遊具から落ちたりします。ですから、握る力がまだ十分でない時期、握る力を使う活動は、深刻なケガにつながる「転ぶ」や「落ちる」がない環境で行いましょう。たとえば、つかまり立ちの時期は床やテーブルの角などをクッション材で覆う、鉄棒にぶら下がる練習は足のつく高さの鉄棒から始めるなどです。

＊1　田口喜久恵他「乳幼児（0〜2歳）の（把）握力調査とその発達経過の検討」『発育発達研究』74、杏林書院、2017年
＊2　スポーツ庁「令和3年度体力・運動能力調査」

「うんていができた！」までに必要な体の動きや力を分解してみると

バーを握り、腕だけで体重を支える力（腹筋や背筋も使う）

片手で前のバーをつかむ時、片腕で体重を支える力

体をねじりつつ揺らす力。体を揺らして前のバーをつかみ、進むバランス感覚。揺れる体の振動を支える腕の力

他のさまざまな活動を通じて、こうした力がそろっていかなければならず、ただ「うんていができるようにがんばりましょう！」では、できるようになりません。

◆◆ 握る力、体を支える力にも大きな個人差

　身長、体重が一人ひとり異なるように、体の部位の大きさや身体能力にも個人差があります。鉄棒などの遊具の棒や乗用遊具の持ち手の太さに対して、手の大きさは一人ひとり違いますから、同じクラスでも手の小さな子どもは握れないことも。年齢区切りだけで活動を考えるのではなく、体格やその時の運動能力で遊びを分ける、道具を分けるなどして、子どもの段階にあった環境をつくることが大事です。

バランス感覚の未熟さで 起こる事故

　歩き始めの子どもは、両方の腕を前に挙げる体勢をとります。両腕を挙げると歩きにくそうですが、大人でも体勢を崩した時には腕を広げてバランスを取ります。子どもも同じ。では、バランス感覚が未成熟で不安定だという特徴ゆえに、どのような事故が起きやすくなるのでしょうか。

◆◆バランスを崩すと元に戻れない

　子どもは不安定な状態で立ったり歩いたりしていますので、つまずいたりぶつかったりしてバランスが崩れると、下のイラストのようにすぐに倒れます。

　手をつないでいなくても、子ども同士の距離が近い時、一人がバランスを崩したらどうなるでしょう？　前の子を押したり、後ろの子にぶつかったりして、重なり合うように倒れます。たとえば、平均台や太鼓橋など、高さのある場所を移動して遊ぶ時にこのようなことが起きると大変危険です。

◆◆ 遊びや環境、ルールの中に安全を盛り込む

では、サーキット遊びなどの活動はリスクが高いから行わないほうがよいのでしょうか？　そうではありません。

上のイラストのように前後の間隔を十分とって行えば、複数の子どもが落ちることは防げます。他の子どもに影響されず、焦らずに一人ひとりのペースで取り組むこともできます。「つまずく」「ぶつかる」は当然だと考えたうえで活動の方法やルールを考えることも、安全対策のひとつです。

◆◆ バランスを崩す理由を考える

「成長・発達の段階の順番は誰でも同じ」と章の初めに書きましたが、どこかの段階が十分でないまま次の段階へ進もうとすると、体にはよけいな負担がかかります。その負担が、「転ぶ」や「落ちる」などの形になって現れることもあります。バランス感覚は体幹の力や筋力とも関係していますから、転んだ時、落ちた時の対策も大切ですが、一人ひとりの子どもの発達における「まだ足りない部分」に目を向けることも対策になります。

「落ちたら痛い」は子どもにはわからない

　鉄棒から急に手を離して落ちたり、ジャングルジムから落ちたりしたら危ない。落ちた経験がなくても大人にはわかります。でも、子どもにはまだわかりません。「痛いから、手を離しちゃダメだよ」と教えればわかるのでしょうか？

◆◆ 子どもは小さな大人ではない

　「ISOガイド50」（➡41ページ）には、子どもの事故予防を考えるうえで「子どもは小さな大人ではない」という事実を認識しなければならない、と記されています。子どもは大人のミニチュアではなく、子ども特有の体と脳の特徴があり、握る力などの身体能力だけでなく、理解力や思考力も未熟です。

◆◆ 子どもは、結果をわかって行動していない

　鉄棒で遊びながら、ふと「手を離したらどうなるんだろう？」と思ったら、やってみたくなるのが子ども。「手を離す」ことによって起こる「落ちたら痛い」「骨を折る」「頭を打つ」などの結果を結びつけて考えることはまだできません。
　また、子どもはイメー

ジの世界で遊ぶことも多く、現実と空想の世界が混ざることもあります。テレビで見たように高い所から華麗に降りられるような気がして…、ジャンプしてしまうことも。

　ですから、子どもが手を離したり飛び降りたりする理由を考えるのではなく、「子どもは手を離すもの」「飛び降りるもの」「大人の想定を超えた行動をするもの」と考えて、対策を変えましょう。

◆◆ 「動かずに待っているだろう」は大人の考え

　たとえば、1歳児を複合遊具の少し高い所に乗せ、横についていた保育士が、別の子も見ようとその子に背を向けたとたん、保育士を追いかけようとして歩き出し、遊具から落ちた事例もあります。

　「落ちたら危ない場所にいるのだから、動かずに待っているだろう」と考えるのは、大人だけです。「落ちたら危ないと子どもはわかっていない」「自分が動けば、この子もついてくるはず」と考えれば、背を向ける前にその子を抱っこして降ろす、あるいは、別の子もいるのだから、今は子どもを危険な高さに乗せるのはやめようと考えられます。

◆◆ 育ちの中で必要な経験は安全に行えるように

　子どもは、さまざまな経験をしながら育っていきます。でも、命が奪われていたかもしれない経験や、トラウマになるほど怖い経験は必要でしょうか？　リスクはゼロにできませんが、大きなケガをするリスクをできる限り小さくした環境の中で、子どもの「やりたい！」「挑戦したい！」をかなえることはできるはずですし、そのような環境をつくることが「保育の質」の柱ではないでしょうか。

太鼓橋からの落下と切り株

●太鼓橋からの落下事故と裁判

　2017年、徳島県徳島市の保育園の園庭に設置されていた遊具の太鼓橋から園児が落下し、太鼓橋の下にあった木の切り株にあごを打ちつけてケガをするという事故がありました。園児の保護者が、園に対して損害賠償を求める裁判を起こしています。

　裁判所は、①太鼓橋という遊具の構造と、最も高い部分が地面から1.8m～2m程度であったこと、②高さ20cm～30cm程度の切り株が太鼓橋の下に存在していたこと、③園児は体力や判断能力が十分に発達していないなどの事情があるとしました。そのうえで、保育者であれば、園児が太鼓橋側部のアーチ状の金属部分にぶら下がったり、つかまろうとして地面から飛びついたりして遊び、その際、園児が誤って太鼓橋の下にある切り株に身体を打ちつけるなどして負傷する危険があることを予想できたと判断しました。

　そして、保育者は、太鼓橋付近で遊んでいる園児の有無や動きに注意して、太鼓橋で危険な行為をしそうな園児がいればこれを止めるべきであったにもかかわらず、太鼓橋付近で遊び、危険な行動をしている園児に気づかず、園児の危険な行動を止められなかったと判断し、安全配慮義務に違反したとして、園に損害賠償を命じています。

●保育者の見守りの限界、周辺環境の整備

　園児たちは大人の視点では思いつかない行動や遊びをします。ケガの危険性が全くない園庭、遊具、子育ての環境は存在しません。保育者の見守りだけでは足りない部分がどうしても出てきます。この事案でも、危険な行動をしている園児に気づかなかったと裁判所から指摘されていますが、人の目には限界がありますし、人を多く配置したら事故が防げるという問題ではないと考えます。

　そうすると、園庭遊具の利用時には、保育者ができる限りの見守りは行いつつも、ケガをしにくくする、事故が起こりケガをしたとしてもその程度を小さく抑えることが重要です。

　たとえばこのケースでは、太鼓橋の下に切り株があることで、平面である場合に比較して、一層ケガをしやすい状態でした。この他にも、老朽化している部分や錆びている部分を補修する、高さのある遊具の地面には衝撃吸収材を設置するなどで、ケガを防ぐといったことが必要です。

　ケガを防ぎ、ケガがあったとしても小さくできれば、その後の保護者とのトラブルの長期化、重大化も減らすことができるでしょう。

　様々な事故ケースからケガの発生・重大化のリスクを学び、園からなくしていきましょう。

（レーヴ法律事務所　弁護士　板垣義一）

第3章

安全を考えた製品を
活用する

3-1

なぜ、安全を考えた製品を活用するのか

　ここまでお読みになって、皆さんは園内のあちこちに潜む深刻なハザードに気づき、「さて、どんな安全対策をすればいいのだろう？」とお思いになったことでしょう。

　この章では、道具や製品を活用し、安全な環境を作っていくことについてお話しします。その前にまず、皆さんが対策の一番におっしゃる「見守り」についてです。

◆▪「事故予防＝見守る」ではありません

　どの園でも、子どもたちが活動する間、職員の立ち位置や役割を決め、見守りをしていると思います。でも、研究によれば、２ｍの高さの遊具から落ちるのに要する時間は0.63秒。あっ！と思った時には落ち、目の前にいても間に合わない速さです[1]。そして、本当にすぐ目の前で起きれば職員は止めるのですから、「目が離れた」時にこそ事故は起こるものです。

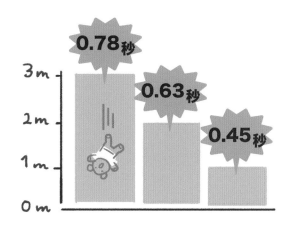

　まず、安全対策としての「見守り」には深刻な限界があることを理解してください。

＊１　山中龍宏「夏に増える子どもの転落…３メートルの落下は0.78秒　助けは間に合わない」ヨミドクター、2021年６月８日

見守り実験をしてみよう！

ジャングルジムで子どもが遊んでいると想定して、子ども役と見守り役を決めます。

人形かぬいぐるみを用意し、子ども役はそれを持ってのぼります。見守り役は、いつもしているように見守りを始めてください。

子ども役は突然、予告なしに人形を落とします。見守り役は子ども（人形）を受けとめられるでしょうか？ ジャングルジムの外側と内側や、他の遊具でも試してみてください。

第3章

安全を考えた製品を活用する

◆◆ 安全対策の「３つのＥ」

事故予防は、教育（Education）、法やルール（Enforcement）、製品や環境（Engineering）の３つの視点から考えます。子どもに「注意して！」「気をつけて！」と声をかけたり、職員が研修を受けたりすることは「教育」にあたりますが、子どもの行動自体を制御することは難しく、教育は他の２つよりも予防効果が低いのです[2]。

送迎車両に子どもを置き去りにする事故を例に考えてみましょう。ブザーやセンサー、ＩＣタグなどの製品の活用（Engineering）、これらの製品の設置義務化（Enforcement）、職員向けの安全研修（Education）、置き去りにしないための具体的なチェック手順（Enforcement）等が「３つのＥ」にあたります。これで置き去り事故の確率がゼロになるわけではありませんが、組み合わせることで事故が起きるリスクを下げることはできます。

「見守り」は、有効な手段とみなされている「３つのＥ」には入りません。「見守りましょう」という職員ルールを作って、それぞれ見守っているつもりでいても、つい気が散り、うわの空になり、一人の子どもと関わっている間に他の子はまったく見えなくなるからです。気づいた時には、すでに事故が起きています。見守りに頼るのではなく、まず道具や製品を活用し、園全体で安全な環境をつくるところから始めましょう。

---

[2]　World Report on Child Injury Prevention, World Health Organization, 2008

園で使える、安全のための製品

　安全を考えた製品は、大きく分けて２つ。ひとつは事故の発生そのものを減らす製品、もうひとつは事故が起きた時のケガなどの程度を軽くする製品です。事故やケガに合った製品を選びましょう。

◆◆事故を減らす：カギ、チャイルドロック、コードカバー

　ハサミなど大人の管理のもとで使う道具を入れている棚、消毒液の保管庫など、子どもに開けてほしくない場所は、カギやチャイルドロックで施錠します。子どもの手が届きそうにない場所、カーテンなどで隠している場所も同様です。子どもは大人の行動をよく見ていますから、何かをしまってある場所だということは知っています。

　また、電気製品などのコードは引っ張りやつまずきの原因になり、子どもが引っ張ったりつまずいたりすることで製品が倒れたり落ちたりする危険があります。コードが首に巻きつく危険もあります（例：睡眠モニター）。コードは壁や床などに固定しましょう。逆に、引っ張られたらコードがすぐにはずれる「マグネット式プラグ」の製品を選ぶという方法もあります。

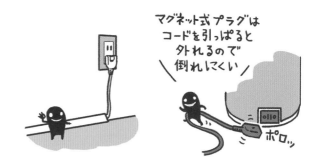

マグネット式プラグはコードを引っぱると外れるので倒れにくい

ポロッ

◆◆ 事故を減らす：安全機能付き家電

どんなに気をつけていても、暖房
器具や熱湯の入ったポットなどを倒
してしまうリスクはゼロにできませ
ん。倒れたら止まる暖房器具、倒れ
たり傾いたりした時に中のお湯がこ
ぼれにくいポット、倒れても中から
熱湯が出ない加湿器などもあります。

◆◆ ケガの程度を軽くする：クッションカバー、マット

典型的な例が、ドアのちょうつがい部に付ける指はさみ防止カバーです。子どもが手を
伸ばすと大人の身長くらいまでは指が届きますから、ドアの上部までカバーしましょう。
油圧ダンパー等を付けることで扉の開閉速度を遅くすることもできます。テーブルの角な
どのとがった部分にはクッションカバーを使います。

落ちる危険のある活動をする時は、屋内・屋外を問わず、効果が数値で示された素材の
マット等を敷きましょう。有効な製品は、カタログに「HIC値（頭部傷害基準値）をクリア
します」等の記載がありますので、業者に尋ねてください。

◆◆ 取扱説明書は情報の宝庫

道具や製品を使い始める前に、取扱説明書で設置方法や使い方を読んでいますか？　正
しく設置して正しく使わないと、万が一の時に役立ちません。

製品によってはチャイルドロック機能などの安全対策が最初から付いており、取扱説明
書に記されています。箱やパッケージ、取扱説明書などはスキャンするか写真を撮るかし
て保管しましょう。事故が起きた時にも、こうした情報は必要です。

安全対策の手作り事例

　ドアや扉の大きさ、形は園によって違いますので、既成品のカバーが付けられないこともあります。ピッタリの既製品が見つからないことも。

　手作りをした対策事例をいくつか紹介します。

◆◆ のぞき窓の引き込まれ対策

　のぞき窓部分はへこんでいる場合が多く、手指や腕が引き込まれやすくなります。子どもも手を置いてのぞき込みます。

　この場合、たとえば、右のイラストのように、ふちの内側にすき間テープのようなクッション材を貼る方法があります。引き込み自体がなくなるわけではありませんが、ケガが深刻になるのを防ぎつつ、大人も気づきやすくなります。

◆◆ 引き戸と戸袋の間が開いている場合

　引き戸と戸袋（引き戸と壁）のすき間が大きい場合、戸袋（壁）の内側にクッション材か硬いゴムシートを貼り、すき間を狭くして、はさみ込まれにくくすることもできます。

　また、吊り戸等で床と扉の間のすき間が大きい場合は、扉の下に硬いゴムシートを垂らすようにして貼ると、手足の指がはさまれにくくなります。

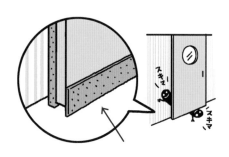

◆◆ 遊具：のぼれない工夫

　すべり台の階段や、うんていのはしごは、小さい子どもも近づくことができ、気づくとのぼっていたりします。このような場合は、たとえばすべり台の階段側やすべる側をタイヤのような重い物でふさぐ、うんていのはしごを古くなったバスマットで覆うといった方法で、のぼれないようにできます。

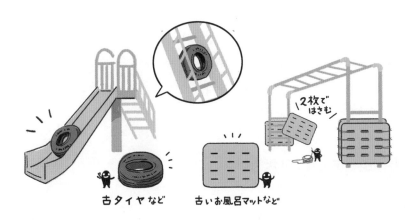

古タイヤ など　　　　古いお風呂マットなど

◆◆ 遊具：広いすき間の対策

　胴体が通り抜けて頭が引っかかる幅のすき間や、子どもが頭を入れられるすき間は、ふさぎます。安全の目安は、「遊具の安全に関する規準」[1]で柵のすき間の基準となっている10cm未満です。ワイヤーネットと結束バンドでふさぐことのできるすき間、板を打ち付けられる木製遊具のすき間もありますが、溶接などが必要な場合は遊具の設置業者と相談を。古い遊具は特に、現在の基準を満たしていない場合があります。

◆◆ 貼り紙も効果的

　上のような対策に合わせて、たとえば引き戸であれば、大人の目の高さに「向こう側に子どもがいるかも！　確認しながらゆっくり開けましょう」と目立つ貼り紙をすることも効果があります。「気をつけて」といったあいまいな言葉ではなく、「確認しながらゆっくり開けましょう」と、具体的に。

＊1　日本公園施設業協会「遊具の安全に関する規準 JPFA-SP-S:2014」

3-4

点検と修繕をお忘れなく

　道具や製品を活用して、深刻なケガを防ぐ環境改善ができた！　そこで安心しないでください。ものは壊れますし、いつの間にかなくなっていることもあります。安全な環境は「いつも、その状態にある」ことが不可欠です。

◆◆ ものには寿命があります

　プラスチックや木材は時間の経過とともに劣化し、割れたり折れたり、すり減ったりします。ボルトやネジはゆるみます。特に、紫外線や雨風にさらされる屋外にあるものや、繰り返し力がかかる場所は、劣化や錆び、ゆるみなどが起きやすくなります。また、糊やテープなどで付けたカバーやクッション材は使っているうちにはがれます。はがれたクッション材やカバー、テープを子どもが口にすることもあります。

◆◆ 見てわかる不具合、わからない不具合

　割れや折れなど、目で見てわかる不具合は点検しやすいのですが、見てもわからない不具合もあります。たとえば、棚などを固定したネジは動かしてみないとゆるんでいるかどうかわかりません。カギも種類によっては、かかっているかいないか外から見てわかりにくいものがあります。点検では、目で見るだけでなく、触ったり叩いたりねじったりして確認します。

　アラーム等の電気製品で「スイッチが入らない」などの不具合は、そのまま使い続けると火災につながることもあります。使用をやめて、業者に点検、修理を依頼してください。

◆◆ 点検はルールを決めて行う

遊具や室内の安全チェックには、チェック・シートが必要です。見落としや見間違えを防ぐためです。項目は「毎日すべてをチェックする」という無理な形ではなく、深刻さや保育に合わせて、職員が「このルールならできる」というものにしましょう。たとえば、玩具の破損は消毒で拭く時に確認する、遊具の定期点検は夏の間に業者に依頼するなどです。そして、園内の必要箇所をチェックする時は、チェック・シートを持って声を出しながら確認しましょう。

◆◆ 破損を発見したらすぐ対応

点検で破損や欠損などを見つけたら、すぐに対応します（危険な状態のものは保育室から外に出す、直せるものは直す、修理を依頼するなど）。「そのうち直そう」「そのうち交換しよう」と思っているうちに事故は起きるものですし、壊れた玩具の部品（パーツ）を誤飲・誤嚥する事故も起きています。ですから、「すぐに」がポイント。

遊具など大きなものはブルーシートなどで全体を覆い、使えないようにします（ブルーシートの中にもぐりこまないように覆う）。周囲にロープを張って「使用禁止」と貼り紙をしただけでは効果はありませんし、かえって危険です。

これだと、
かえって危ないよ！

禁止
使用

メーカーや販売業者に報告、連絡をしましょう

　玩具や遊具、安全対策のために設置したゲート（柵）やマット、センサーなどの機器を使っていて、「危ないな」と思ったことはありませんか？　使い方がわかりにくい、使いづらい、すぐに壊れてしまうといったこともあるでしょう。そのような時は、メーカーや販売業者に必ず知らせてください。

◆◆「売っている商品＝安全」ではありません

　たとえば、次のようなことはありませんか？
- ベビーゲートの扉の開閉部分。しばらく使っていたらかみ合わせが悪くなり、閉めてもロックがかからなくなった。ロックをかけるために時間がかかる。
- 子どもが転落しないよう、複合遊具に柵を後付けしたが、子どもがその柵にのぼってしまう。理由は、柵に足をかけられる部分がある、柵自体が低いなど。

　安全用具だけでなく、玩具でも遊具でも不良品はあります。販売前のテストでは気づけなかったリスクが残っている商品もあります。

◆◆利用者の声は貴重な情報

　ものが原因で事故が起きた場合も、皆さんは「自分たちがしっかり見ていれば防げたのでは？」とお考えになると思います。たとえそうだったとしても、同じ製品で同じような事故が他の施設でも起きているかもしれませんし、あなたの園ではたいした事故ではなくとも、他の施設では死亡事故の原因になるかもしれません。

　メーカーや販売業者は、利用者からの情報がなければ安全上の問題に気づくことはできませんから、皆さんからの情報はとても貴重です。情報がなければ、危険のある商品を売り続けることとなります。

◆◆ どこに知らせたらよいか？

　メーカーや販売業者に連絡し、製品名、メーカー名、いつどこで購入したか、ケガなどの原因となった部分（できれば写真も）、ケガなどが起きた状況をわかる範囲で伝えましょう。こうした時のためにも、遊具や玩具、安全用具の外箱、説明書などを画像にしてまとめて保存しておくと便利です。

　自治体に事故報告書を提出する場合も、これらの情報を記入すると事故発生の背景がわかりやすくなり、再発防止につなげることもできます。

事故報告についての調査結果

　東京都が子育て中の保護者を対象に実施した調査[1]によると、子どもが事故に遭ったり、遭いそうになったりした時に関係先（メーカーや購入先など）への報告を「必ずする」は23.2％で、「することがある」は31.4％、「全くしない」は45.2％でした。

　報告を全くしない理由（上位3つ）は、「報告するまでのことではない、大した事故ではないから」（37.2％）、「事故に遭ったのは保護者の不注意（責任）だから」（37.0％）、「クレーマーと思われるのが嫌だから」（10.7％）でした。

　多くのメーカーでは、利用者の声（Voice of Customer、VOC）を貴重な情報と位置づけて、VOCを活かした商品やサービス開発に取り組んでいます。遠慮せずに情報を伝えましょう。

[1]　東京都商品等安全対策協議会「子供の安全のための情報収集・発信に関するアンケート調査結果」2022年

Column 6

園外活動での下敷き事故

●園外活動での予定外の出来事と事故

　2018年、長野県高森町の町立保育園の園外活動において、園児が墓石の下敷きになり、死亡する事故がありました。

　計画では予定していた遊び場がありましたが、当日は地面がぬかるんでいて遊べない状態だったため、ぬかるみのない雑草地へと活動範囲を広げることを現場責任者の保育者が決定し、他の保育者に活動範囲を広げることを伝え、遊ぶ範囲や立ち位置などの確認を行いませんでした。活動場所を広げる際に下見をして確認することも行わず、保育者4名にとっても初見の場所での遊びを行いました。

　責任者が全体を俯瞰し、他の3名が園児たちを直接見守っていましたが、園児の移動が激しく、保育者は園児の把握が困難でした。そのような状況で、他児からの知らせで墓石の下敷きになっている園児を発見し、緊急搬送しましたが、死亡が確認されました。

　検証委員会の報告書では、①下見が不十分であったこと、②遊び場を区切ることをせず、全体のどの位置に保育者が立てば安全を確保できるかという視点が欠けていた、③保育者たちがなんとなく活動範囲を広げたこと、④「墓石」の存在・危険性について予想できず、共有できなかったこと等が事故につながったと報告しています。

　これ以外にも、⑤新しい場所での自然の中での園外活動を、その場で決めた無計画なものだったこと、その他数多くの問題点を指摘しています。

●園外保育自体のもつリスク

　園が直接管理できない園外での活動は、さまざまなリスクが伴います。特に、公園や児童遊園などの管理された場所でない自然な立地、幼児向けでない場所には、本件のような予期せぬ構造物・地形、園外の第三者や動植物にも問題がないか気を配る必要があります。

　集団保育を行うなかで、園児全員の遊びと安全を確保しながら、場所自体の安全性を確認することは困難です。だからこそ、初めての環境や久しぶりの場所では、事前の下見や検討が必要です。

　検証委員会は、多くの問題点を指摘し、再発防止策を提言しています。この指摘・提言は、多くの園に有益なものです。ご確認ください。

（レーヴ法律事務所　弁護士　今西淳浩）

第4章

季節をきっかけに
保護者に安全情報を発信

なぜ季節をきっかけに保護者に安全情報を伝えるのか？

ここからは、保護者に安全と事故予防の情報を「伝える」ことについてお話しします。

◆◆ 園の安全環境整備に保護者の理解と協力は不可欠

子どもの安全は、未就学児施設だけでは実現できません。たとえば、フード付きの服を保護者が買ったり、もらったりして、子どもに着させることもあります。誤飲や誤嚥につながる小さなもの（小物やシール等）が家庭から園に持ち込まれることもあります。ですから、安全について保護者に伝えていくことも環境づくりのひとつなのです。

園から保護者に伝えることは、起きた事故やケガだけではありません。事故予防やケガ予防を含んだ、園の安全対策全般を取り上げることができます。たとえば、遊具の定期点検をしたこと、園外保育の下見をしたこと、園での遊びの工夫なども伝えるべき内容です。こうした内容を園内の掲示物や園だよりで日常的に取り上げることによって、園と保護者の双方が事故やケガについても話題にしやすい関係ができます。

◆◆ 季節によって増える事故がある

安全や事故を話題にするのはハードルが高い…。ならば、季節の話題とセットにしては？　たとえば、自転車の事故は４月から増え始めます。通園などのために自転車を使い始める人が増えるからです。窓やベランダからの転落事故は初夏や秋に多く、水の事故は夏に多いなど、季節によってそれぞれ増える事故があります。こうした情報提供は、事故が増える前（例：年末年始の事故は11月下旬）にすることがポイントです。

◆◆園の取り組みと一緒に伝える

　本章は、季節ごとに注意したい事故の説明と家庭向けの「安全通信」で構成されています。「安全通信」はそのままコピーして使えますが、家庭向けの情報だけを渡すと、園が「指導する」「アドバイスする」という姿勢にも見えてしまいます。たとえば、園の安全対策を園だよりに記し、そのおたよりと一緒に「安全通信」を渡すなど、渡し方を決めて年間計画に入れておくことをお勧めします。園だけ、家庭だけ、ではなく、園も家庭も、という横並びの視線で伝えましょう。

この章の見方・使い方

4-3

初夏：
窓からの転落事故を防ぎましょう

　天気が良くなって、窓を開けたりベランダに出たりすることが増える5月頃、窓やベランダ等からの転落事故が増え始め、子どもが毎年亡くなっています。

◆◆5～6月と9～10月に多い、窓やベランダからの転落事故

　東京消防庁の救急搬送データ（2015年～2019年）によると[1]、子ども（5歳以下）が住宅などの窓やベランダから転落して救急搬送された件数は70件で、多くが5～6月（19件）と9～10月（21件）に起きています。年齢では4歳（21件）と3歳（16件）が多く、転落場所で見ると、窓（43件）がベランダ（26件）よりも多いことがわかりました。

◆◆転落のきっかけは、窓枠に座る、網戸に寄りかかる

　医療機関ネットワーク事業[2]のデータ（2015年7月～2020年6月）によると、転落事故が起きた時の状況は、「窓枠に座る」「網戸に寄りかかる」が最も多く、「家具、段ボール、台などの足場に登る」が次に多いことがわかりました。そのほか、「窓が開いていた」「見送り・外を見せていた」などもあります。
　保育施設でも、子どもが網戸ごと外へ落ちたり、棚にのぼって窓から身を乗り出して落ちたりという事故が起きています。

＊1　消費者庁「窓やベランダからの子どもの転落事故に御注意ください！」2020年9月4日
＊2　医療機関から事故情報を収集する消費者庁と国民生活センターの共同事業。

窓やベランダからの転落を防ぎましょう

　春や秋は窓を開けることも増え、子どもが窓やベランダから転落する事故が増えます。事故予防のポイントを確認しましょう。

事故の対策は3つのアプローチで
　窓などにカギをかければ転落事故は起きません。でも、カギをかけ忘れることもありますし、子どもが自分でカギを開けることもあります。ですから、まず「開けられないようにする」。次に「万が一開けたり出たりした時の対策をする」。それでも残ってしまう危なさの対策をする。こうしたアプローチで行うと効果的です。

その1：開けられない、出られない対策
　子どもの手が届かない高い位置に補助錠を付ける、二重ロックを使うなどです。使い方を家族全員で確認して、かけ忘れがないようにします。補助錠などを付けられない場合は、窓やベランダに子どもが近づけないよう、ベビーゲートなどを置きます。

その2：踏み台になるものを片付ける
　踏み台になるもの、たとえば、ベッド、ソファ、机、棚などは窓近くには置かないようにします。また、植木鉢、ゴミ箱、バケツ、テーブル、イスなどはベランダに置かないでください。エアコンの室外機は窓から60cm以上離して置くか、室外機の上に柵などに板を付けるなどして、子どもが登れないようにします。

その3：転落しない、乗り越えられない、よじのぼれない対策
　窓には、転落防止の柵やフェンスを付けます（網戸は転落防止になりません）。ベランダの場合、柵のすき間を足がかりにして乗り越えてしまうことがあります。柵の内側に透明なアクリル板などを貼り、足が入らないようにするなどの対策をします。

[参考] Safe Kids Japan「ベランダ1000」プロジェクト報告書」2018年

所真里子、掛札逸美、レーヴ法律事務所〔著〕、柚木ミサト〔イラスト〕「イラストで学ぶ保育者のための「ハザード」教室―子どもの「危ない！」の見つけ方・伝え方」ぎょうせい、2023年、p71

見開きの1ページ目
事故が増える季節を前に、園で安全点検をするポイント、園だよりで保護者に伝えるヒントなどを記しています。

見開きの2ページ目
このままコピーしてお使いいただけます。A4に拡大して、園に掲示することもできます。

第**4**章

季節をきっかけに保護者に安全情報を発信

4-2

入園シーズン：
自転車事故を防ぎましょう

　入園を機に、子どもを自転車に乗せ始める保護者も増えます。自転車は手軽な乗り物ですが、同乗の子どもが亡くなる事故も少なからず起きています。

◆◆ 4月から増え始める幼児同乗中の自転車事故

　東京消防庁の救急搬送データ（2011年〜2017年）によると[1]、同乗する自転車の事故によって救急搬送された6歳未満児は計1,443人で、2歳が最も多く（470人）、次が1歳（433人）でした。月別に見ると4月から徐々に増え、7月が最多です（182人）。ケガの内容は、頭蓋骨骨折（5人）を含む頭部のケガが最も多く（788人）、全体の約55%を占めます。

◆◆ 事故の約8割は停車中に起きている

　詳細を見ると、約8割が停車中に起き、ほとんどは転倒事故です。子どもを乗せたまま荷物を取りに行ったり、買い物で店に入ったり、周囲の自転車を動かしたりなど、わずかな時間、離れたり目を離したりした時に自転車が倒れています。

　このデータは、未就学児施設に限ったものではありませんが、送迎に自転車を使う保護者もいますので、入園や進級の時期に自転車利用の注意点を伝えましょう[2]。

＊1　消費者安全調査委員会「消費者安全法第23条第1項の規定に基づく事故等原因調査報告書　幼児同乗中の電動アシスト自転車の事故」2020年12月25日
＊2　前出1の報告書を受けて、厚生労働省等「幼児乗せ自転車の安全な利用に関する情報提供について（事務連絡）」2021年1月28日が出されています。

自転車の「危ない」を防ぎましょう

　自転車は手軽な乗り物ですが、転倒しやすいという特徴もあります。お子さんを自転車に乗せ始める前に、自転車の特徴を知って安全に使いましょう。

子どもを乗せると、重い＋バランスを崩しやすい

　通常の自転車の重さは約17kg、一般的な電動アシスト自転車の重さは約30kg。そこに子ども2人と大人の体重を加えると、総重量は80〜100kgになります。バランスを崩すと立て直しにくく、転倒の危険も。

停車中の自転車は転倒しやすい

　駐輪中は、前輪とスタンドの3点だけで車体を支えているからとても不安定。特に子どもを乗せたまま駐輪すると、子どもが動けばバランスが崩れ、転倒します。

自転車登園を始める前に　安全チェック3つのポイント

その1：乗せる人数に合った自転車を選ぶ

　通常の自転車に乗せられるのは子ども1人です。2人乗せる場合は、幼児2人同乗用自転車を選びます。迷ったら、専門業者に相談してください。

その2：ヘルメットをかぶせてから乗せる

　子どもを乗せた瞬間、自転車が倒れることもあります。自転車事故死の約6割は「頭部のケガ」で、ヘルメットを正しく着用していれば死亡確率が4分の1に減るというデータ[1]もあります。

その3：乗る時は「後ろが先、前が後」、降りる時は「前が先、後ろが後」

　前の座席を使う場合は、体重が軽いほうの子どもを乗せます。座席に座らせたら安全ベルトを必ず着用します。

大人1人＋子ども3人で自転車に乗るのは、道路交通法違反です。子どもの人数にかかわらず、前抱っこも違反です。

＊1　公益財団法人交通事故総合分析センター「交通事故分析レポートNo.97」2012年11月

所真里子、掛札逸美、レーヴ法律事務所〔著〕、柚木ミサト〔イラスト〕『イラストで学ぶ 保育者のための「ハザード」教室——子どもの「危ない！」の見つけ方・伝え方』ぎょうせい、2023年、p69

初夏：
窓からの転落事故を防ぎましょう

　天気が良くなって、窓を開けたりベランダに出たりすることが増える5月頃、窓やベランダ等からの転落事故が増え始め、子どもが毎年亡くなっています。

◆◆ 5〜6月と9〜10月に多い、窓やベランダからの転落事故

　東京消防庁の救急搬送データ（2015年〜2019年）によると[1]、子ども（5歳以下）が住宅などの窓やベランダから転落して救急搬送された件数は70件で、多くが5〜6月（19件）と9〜10月（21件）に起きています。年齢では4歳（21件）と3歳（16件）が多く、転落場所で見ると、窓（43件）がベランダ（26件）よりも多いことがわかります。

◆◆ 転落のきっかけは、窓枠に座る、網戸に寄りかかる

　医療機関ネットワーク事業[2]のデータ（2015年7月〜2020年6月）によると、転落事故が起きた時の状況は、「窓枠に座る」「網戸に寄りかかる」が最も多く、「家具、段ボール、台などの足場に登る」が次に多いことがわかりました。そのほか、「窓が開いていた」「見送り・外を見せていた」などもあります。

　保育施設でも、子どもが網戸ごと外へ落ちたり、棚にのぼって窓から身を乗り出して落ちたりという事故が起きています。

＊1　消費者庁「窓やベランダからの子どもの転落事故に御注意ください！」2020年9月4日
＊2　医療機関から事故情報を収集する消費者庁と国民生活センターとの共同事業。

窓やベランダからの転落を防ぎましょう

　春や秋は窓を開けることも増え、子どもが窓やベランダから転落する事故が増えます。事故予防のポイントを確認しましょう。

事故の対策は３つのアプローチで

　窓などにカギをかければ転落事故は起きません。でも、カギをかけ忘れることもありますし、子どもが自分でカギを開けることもあります。ですから、まず「開けられないようにする」。次に「万が一開けたり出たりした時の対策をする」。それでも残ってしまう危なさの対策をする。こうしたアプローチで行うと効果的です。

その１：開けられない、出られない対策

　子どもの手が届かない高い位置に補助錠を付ける、二重ロックを使うなどです。使い方を家族全員で確認して、かけ忘れがないようにします。補助錠などを付けられない場合は、窓やベランダに子どもが近づけないよう、ベビーゲートなどを置きます。

その２：踏み台になるものを片付ける

　踏み台になるもの、たとえば、ベッド、ソファ、机、棚などは窓の近くには置かないようにします。また、植木鉢、ごみ箱、バケツ、テーブル、イスなどはベランダに置かないでください。エアコンの室外機は柵から60㎝以上離して置くか、室外機の上に斜めに板を付けるなどして、子どもが登れないようにします。

その３：転落しない、乗り越えられない、よじのぼれない対策

　窓には、転落防止の柵やフェンスを付けます（網戸は転落防止になりません）。ベランダの場合、柵のすき間を足がかりにして乗り越えてしまうことがあります。柵の内側に透明なアクリル板などを貼り、足が入らないようにするなどの対策をします。

［参考］Safe Kids Japan「『ベランダ1000』プロジェクト報告書」
　2018年

所真里子、掛札逸美、レーヴ法律事務所〔著〕、柚木ミサト〔イラスト〕『イラストで学ぶ 保育者のための「ハザード」教室—子どもの「危ない！」の見つけ方・伝え方』ぎょうせい、2023年、p71

夏：「溺れる」事故を防ぎましょう

　梅雨の雨、夏の水遊びなど、子どもたちが大好きな「水」の時期です。子どもが楽しく夏を過ごせるよう、安全な環境を作っていきましょう。

◆◆ 口と鼻をふさぐだけの水があれば「溺れ」は起きる

　プール以外でも、口と鼻をふさぐだけの水が溜まっていたら「溺れ」は起きます。実際に、1歳児が園庭にある円筒形の雨水ますに頭を突っ込み、7cmほど溜まっていた水で溺れ、心肺停止の状態となった事故が園で起きています。

◆◆ 水が残る場所、溜まっている場所

　水が残りやすい場所としては、雨上がりの園庭、たらいやバケツ、遊具のタイヤの間などがあてはまります。「このくらいの水なら」「すぐ乾くはず」と思わず、水はすぐに捨ててください。

　また、水がいつも溜まっている場所は、雨水ます、排水溝、災害用貯水槽、池やビオトープなどです。このような場所は、子どもが近づけないような対策をしましょう。雨水ますや排水溝には、コンクリートや鉄の重いフタ、または工具がないとはずせないフタをしておく、柵をして鍵をかけるなどです。

水遊びの「危ない」を防ぎましょう

　子どもたちが大好きな水遊びの時期です。でも、口と鼻をふさぐだけの水があれば「溺れ」は起きます。注意点を再確認しましょう。

水深が浅いビニールプールで溺れることも

　たとえば、プールの中のおもちゃを取ろうとして水に落ちることは、ひんぱんに起きます。「数分だから」とその場を離れたり、スマホに目を向けたりすることは危険です。遊び終わった水は残さず、すぐに捨てましょう。

死亡事故多発 バスタブで浮き輪を使わない

　首にかけて使うもの、足を入れて使うものなど、プールで使う乳幼児用の浮き輪があります。「便利だから」と自宅のお風呂で使い、首がはずれて沈んだり首が絞まったり、逆さにひっくり返ったりして溺れて亡くなったお子さんは何人もいます。使わないでください。

川や湖、海で遊ぶ時はライフジャケットを着用

　浮き輪は、大きな波や急な風で流されたりひっくり返ったりすることがあります。また、浅くても水の中は滑りやすく、流れに足を取られることも。ライフジャケットを着用していれば溺れるリスクは下がります。ボートやヨットに乗る時も忘れずに。

ライフジャケットを選ぶ　3つのポイント

その1：サイズが合っているか

　大きすぎると、ライフジャケットが鼻と口を覆ってしまったり脱げたりすることがあります。

その2：品質が確認された商品か

　浮力が十分でないライフジャケットもあります。桜マーク（国土交通省型式承認品）など品質が確認された商品を選びましょう。

その3：レンタルする時の注意

　子どもサイズは扱っているか、予約は必要かなど出かける前に問い合わせを。サイズが合わないものでは命を守れません。

［参考］子ども安全メール from 消費者庁、497号「首掛け式乳幼児用浮き輪は気をつけて使用しましょう！」（2020年4月2日）、510号「家庭用プールでの事故に注意しましょう！」（2020年7月2日）。東京くらしWEB「子供の水辺の遊びではライフジャケットを着用させましょう」（東京都、2019年3月26日）

所真里子、掛札逸美、レーヴ法律事務所〔著〕、柚木ミサト〔イラスト〕『イラストで学ぶ 保育者のための「ハザード」教室―子どもの「危ない！」の見つけ方・伝え方』ぎょうせい、2023年、p73

4-5

秋：遊具の事故を防ぎましょう

　遊具で子どもが亡くなる事故は繰り返し起きています。遊具にまつわる事故で命に関わるのは、大部分、息ができなくなったり頭を強く打ったりすること。こうした深刻な事故を防ぐために、できることがあります。

◆◆ 首がはさまる、首が引っかかるすき間はふさいでしまう

　「命を奪う危険性のあるすき間」「頭や首のまわりにヒモ状のものが引っかかると、息ができなくなる」と書きました（➡20、26ページ）。まず、手足、胴体がすり抜けるすき間はふさぎましょう。安全の目安は、「遊具の安全に関する規準」[1]で柵のすき間の基準となっている10cm未満です（設置業者にも相談を）。

◆◆ 地表面は衝撃を吸収する素材に

　同じ規準[1]によると、運動能力やバランス能力が求められる遊具を設置する場合、落ちた時の衝撃を吸収する素材（砂やウッドチップ、ラバーなど）を敷くことが望ましいとされています。効果が数値で示された素材のマット等を敷きます。カタログに「ＨＩＣ値（頭部傷害基準値）をクリアしています」等の記載がありますので、業者に確認しましょう。

マットは広めに
敷くことを
お勧めします

[1]　日本公園施設業協会「遊具の安全に関する規準 JPFA-SP-S:2014」

遊具の事故を防ぎましょう

　子どもたちは、思いきり体を動かして遊べる遊具が大好きです。思わぬ事故に遭わぬよう、遊び始める前に安全確認をしましょう。

危ない！ 身に着けているものが遊具に引っかかる

　たとえば、すべり台を滑ろうとした時、身に着けていたバッグのヒモがどこかに引っかかったら…、一瞬で首つり状態になります。ブランコ、ジャングルジム、複合遊具など、遊具には引っかかる場所が多数あり、このような事故で何人も亡くなっています。

遊具で遊び始める前に全身チェック

その１：フード付き、ヒモ付きの服は着ない

　首まわりにヒモ状のものがある衣服は大変危険です。たとえば、よだれかけやフードの付いた服の首まわりのヒモです。また、上着やズボンのすそについているヒモが遊具の突起やすき間に引っかかると、転倒したり動けなくなったりすることがあります。フードの付いた服を着ている時は、脱ぐか、脱げないならばフードを首の中に折り込みましょう。

その２：園バッグ、水筒、携帯のストラップなどは身に着けない

　ヒモ状のものを身に着けていませんか。たとえば、肩から下げるタイプのバッグや水筒、携帯やカギなどを付けたストラップなどです。

その３：ヘルメット、あごヒモ付き帽子は脱ぐ

　ヘルメットや帽子をかぶったまま遊び、遊具のすき間から足を滑らせてしまうと、イラストのような状態になります。命を落とした事故も複数起きています。

遊具で遊ぶ時には、このイラストのようなあごヒモ付き帽子や肩かけタイプの園バッグも危険です。

所真里子、掛札逸美、レーヴ法律事務所〔著〕、柚木ミサト〔イラスト〕『イラストで学ぶ 保育者のための「ハザード」教室―子どもの「危ない！」の見つけ方・伝え方』ぎょうせい、2023年、p75

第**4**章

季節をきっかけに保護者に安全情報を発信

年末年始：プレゼントや飾り物の誤飲・誤嚥を防ぎましょう

　行事などで飾り付けをする機会が増える季節です。準備を始める前に、誤飲や誤嚥^{ごえん}しそうなものがないかを確認し、危険なものは使わないようにしましょう。

◆◆ 誤飲、誤嚥リスクが高いものは出さない

　東京消防庁（2019年）によると[*1]、窒息や誤飲で救急搬送された子どもが口に入れていたものは、0歳児は「包み・袋」、1歳児は「たばこ」、2歳児は「その他の玩具（プラスチック製の玩具やフィギュア、シールや積み木等）」が最多でした。子どもはなんでも口に入れるのですから、「口に入れないで」と言っても効果はありません。誤飲、誤嚥窒息のリスクが高いものは使わない、それ以前に廃棄してしまうことが実効性のある予防法です。

◆◆ もし詰まってしまったら…

　すぐに119番をしてください。強くせき込んでいる時は、それで取れるかどうかを見ます。せき込みで取れない、またはせき込みができない時は、1）背中を叩く、2）腹部を突き上げる（乳児は胸部を押す）を繰り返し行います。ぐったりしてしまったら、救急隊が到着するまで心肺蘇生を続けます。詰まったものが取れても、1や2を行った時は内臓を傷めていないか、必ず受診してください。

子どもが何かを口に入れていたら、大きな声を出さないで。驚いた拍子に息を吸い込み、口の中のものを吸い込んでしまうおそれがあり、大変危険です。静かに近づき、優しく声をかけて、取り出しましょう。

---

*1　東京消防庁「STOP！ 子どもの事故～事故から子どもを守ろう！～」

プレゼントや飾り物の誤飲を防ぎましょう

　子どもたちが楽しみにしている行事の多い時期になりました。プレゼントや華やかな飾り物を準備する前に、事故予防のポイントを確認しましょう。

誤飲すると危ないもの

　ボタン電池、磁石、水を含むと膨張する素材を使ったビーズや雑貨を誤飲し、開腹手術で取り出した事例が複数あります。ボタン電池はネジ止めなどで外に出ないようにする、ネオジム磁石を使った製品は子どもに与えないようにします。

クリスマスやお正月の飾り物は要注意

　クリスマスツリーや年末年始の飾り物には、小さな部品が多く使われています。キラキラ光るパーツは特に子どもの興味を引きます。なんでも口に入れる時期が過ぎるまでは、小さい部品や飾りを使わないようにしましょう。

高いところにあっても
引っ張るものがあれば、
手が届いてしまいます。

グミのような
デコレーション
シール
（とくに小さいもの）

南天の実

プラスチックの
みかん

プレゼントは対象年齢に合ったものを選ぶ

　玩具にはたいてい対象年齢が書かれています。子どもの年齢よりも上の玩具を与えていませんか？対象年齢には「安全に使える年齢」という意味もあり、たとえば「3歳未満を対象にした玩具には小さな部品を使ってはいけない」等の安全基準があります。贈り物をあげる時ももらった時も、対象年齢を確認しましょう。

所真里子、掛札逸美、レーヴ法律事務所〔著〕、柚木ミサト〔イラスト〕『イラストで学ぶ 保育者のための「ハザード」教室─子どもの「危ない！」の見つけ方・伝え方』ぎょうせい、2023年、p77

第**4**章

季節をきっかけに保護者に安全情報を発信

冬：やけどを防ぎましょう

　冬に多い事故は、やけどです。未就学児施設でも多く起きており、やけどの原因として多いのは、「高温の液体」と「熱源への接触」です。具体的に見ていきましょう。

◆◆ 高温の液体がある場所

　高温の液体がある場所としては、ミルク用のポット、給食のスープの鍋、お茶の入ったやかん、加湿器のタンクなどが挙げられます。子どもの手の届かない場所に置いても、つまずいてぶつかったり、コードを引っかけたりすると…。高温の液体が流れ出し、やけどの危険があります。調乳中や給食の配膳中は、子どもを近づけないでください。

◆◆ 熱風・熱源に触れる場所

　熱風・熱源に触れる例としては、ファンヒーターから出る温風、加湿器の蒸気、ストーブ、ホットカーペットなどがあります。ホットカーペットや床暖房で温かくなるのは、触れている体の部分だけで、長時間、同じ場所が触れていると低温やけどをすることも。ヒーターの温風も長時間あたっているとやけどの原因になります。

　なお、ホットカーペットや床暖房の上に布団を敷いて寝かせると、布団の中の温度が体温よりも高くなり、湿度も高くなることから、熱中症の危険もあります。

やけどを防ぎましょう

　暖房や加湿器を使う時期になりました。子どもの皮膚は薄く、大人よりも低い温度、短い時間でやけどになります。

子どもの関心を引く温風、蒸気、炎

　やけどは、ファンヒーターから出る温風、加湿器の蒸気、ストーブなどで起きています。「ストーブに触ったら熱い！」と、触った経験がなくても大人にはわかります。でも、子どもにはまだわかりません。温風、蒸気、赤い炎、どれも子どもの関心を引き、触ろうと手を伸ばします。ストーブガードを使っていても、ガードのすき間から手や指を入れてしまうことも。

　また、味噌汁、スープ、お茶、コーヒー、熱湯など高温の液体もやけどの原因になります。テーブルの上に置いた容器をひっくり返したり、ウォーターサーバーの蛇口を触ったりして、熱湯を浴びる事故も起きています。

手の届く範囲＝台の高さ＋手の届く距離

　たとえば1歳児の場合、90cm以内とされ、高さ60cmのテーブルがあれば縁から30cmより手前に置いてあるものには手が届きます。成長と合わせて手が届く範囲も確認して、ものの置き方を変えましょう。

台の高さ　＋　手の届く長さ　＝　1歳　90cm / 2歳 110cm / 3歳 120cm

［出典］独立行政法人産業技術総合研究所デジタルヒューマン工学研究センター、公益社団法人日本インダストリアルデザイナー協会、特定非営利活動法人キッズデザイン協議会企画・監修『子どものからだ図鑑 キッズデザイン実践のためのデータブック』ワークスコーポレーション、2013年

同じ場所にずっとは危ない

だれかいる！あたためるぞー！！

ピロッ

　自分で姿勢を変えられない月齢の子どもは、熱くても逃げることができません。人感センサー付きのヒーターで熱風を浴び続け、やけどをした事例もあります。心地よい温風も、肌にあたり続けるとやけどになることも。ホットカーペットや床暖房の上で眠ることや、温風ヒーターの近くで遊ばせることは避けましょう。

所真里子、掛札逸美、レーヴ法律事務所〔著〕、柚木ミサト〔イラスト〕『イラストで学ぶ 保育者のための「ハザード」教室―子どもの「危ない！」の見つけ方・伝え方』ぎょうせい、2023年、p79

お泊まり保育中の溺水事故

●川遊び中の増水での溺水事故

　2012年、愛媛県西条市の幼稚園でのお泊まり保育中の川遊びの時に、増水した川に流されて園児1名が溺死するという事故がありました。園児の遺族が、園や園長、保育者に対して、損害賠償を求める裁判を起こしています。

　裁判所は、①川遊び現場の上流で雨が降っていた場合、現場が増水する危険性がある、②現場で、ある程度水位が上昇したら園児が流されたり溺れたりする危険性がある、③園児の泳力では、活動現場で増水が起こった場合、引率者だけで全員を避難させることは困難であるなどといったことを認識できた、④当日、インターネットなどで確認できた天気予報では上流の降水確率が50〜60％であったなどの事情から、現場で溺水等の事故の発生を予想できたと判断しました。そして、園児の危険防止のためにライフジャケットを適切に着用させる義務があったのにこれをしなかった義務違反があるとして、園や保育者に損害賠償を命じています。

●園外活動を考える

　園内での水深の浅いプールや池、ビオトープでも溺水の危険性があります。園外で、集団保育をする園児を自然の川、湖、海などで遊ばせる場合には、ライフジャケットの着用は必須と考えてください。準備できなければ活動を中止すべきです。また、現場のみならず周辺地域の天候にも十分に注意を払ってください。

　そもそも園外活動は、園内での活動と比べて安全性が低く危険度の高い活動です。園外活動に際してどのような危険が起こり得るのかを実施前に検討し、危険に対する対応方法があればそれを確実に実行に移すことが重要です。毎年恒例の行事でこれまで事故がない、十分な引き継ぎ資料があるなどと行事や活動の安全性を軽々しく信じ込むことはせず、従前の取り組みに今回は変化がないか下見・点検をすることが大切です。検討した結果、重大な危険が予想され、その危険を避ける方法がなさそうだということであれば、当該活動を止めるという判断も必要になります。

　もちろん、危険を避けるためにすべての園外活動を実施してはいけないということではありません。事故ケースや研修、本書を通じて、日頃より、園外活動時は園内とは異なる危険があること、危険を発見し避けるための定期的な検討・見直しをすることの2点を心がけてください。

（レーヴ法律事務所 弁護士 板垣義一）

Column 8

節分の豆の誤嚥死亡事故

●節分の豆の誤嚥死亡事故

　2020年、島根県松江市内の保育所型認定こども園において、4歳4か月の園児が、節分の豆まき行事の最中、炒り大豆による気道閉塞によって意識不明となり、後に死亡するという事故がありました。

●注意喚起された食品・食材での事故と園の責任

　これまで一般的に食べられてきた食材・食品であっても、子どもの命に関わる事故が起きています。特定の食材・食品やそれらの食べ方について危険性を認識するよう国からも注意喚起が行われています。

　節分の炒り大豆についても、消費者庁より「豆やナッツ類など、硬くてかみ砕く必要のある食品は5歳以下の子どもには食べさせないでください。喉頭や気管に詰まると窒息しやすく、大変危険です」「食べているときは、姿勢を良くし、食べることに集中させましょう。物を口に入れたままで、走ったり、笑ったり、泣いたり、声を出したりすると、誤って吸引し、窒息・誤嚥するリスクがあります」と注意喚起がなされています。

　園としては、事故ケースや注意喚起などの情報収集を継続し、リスクの高い食材・食品についての最新の知識を職員全員で共有し、これら食材・食品をリスクの検討を行うことなく用いていないか、危険を伴う食べ方になっていないかなどについて、注意することが求められます。

●本件事故の検証と今後の「節分の豆まき」

　事故発生当時は、消費者庁による注意喚起は「5歳以下」ではなく「3歳頃まで」でした。事故検証部会の報告にも「3歳児未満児には炒り大豆を食べさせず、豆まきも丸めた新聞紙で行った」として「3歳児未満児について、誤嚥の危険が一定程度認識されていた一方、3歳以上児について同様の危険があることへの基本的認識が欠けていた。このため、節分行事の実施にあたって、事前に炒り大豆の使用について職員会議などを通じて、安全性の観点からの検討が行われていない」などの指摘があるところです。

　日本の伝統的な文化活動を幼児教育の施設が行う価値がある一方、集団保育の中で豆食には事故のリスクがあることを考慮すると、園では豆まきは行わないことが最善の安全対策と言えるでしょう。

（レーヴ法律事務所 弁護士 今西淳浩）

第5章

わかりやすい掲示で
保護者に「危ない」を伝える

5-1

リスクと対策を保護者に伝える掲示を作る

◆● リスク・コミュニケーションは、責任の線引きと対策の第一歩

　リスク・コミュニケーションは、「ハザードやリスクを伝えること」だけではありません。「価値と、価値に必ず付随するリスク」を伝え、関係者（「ステークホルダー」）が相互に話し合い、取り組んでいく過程を指します。

　工場を新しく建てる場合を考えてみてください。工場を建設したい企業は、関係者（住民、自治体など）に「この工場によって地域は〜の利益を得ます」と価値を言うだけではなく、リスクも伝えなければなりません。「交通量が増えます」「騒音が出ます」「人口が増え、住宅や学校が足りなくなります」などです。価値とリスクの両方を天秤にかけて、住民と自治体は工場建設の賛否を考えるわ  けですが、この過程にはコミュニケーションが不可欠です。

　たとえば、「交通量が増えます」に対しては、「では、あの交差点に信号を付けよう」（自治体にコストが生じる）、「家庭では子どもの安全に今まで以上に注意を払わなければならない」（住民側にリスク対応の責任が生じる）、「工場に出入りするトラックや車には、危険箇所などをはっきり伝えてほしい」（企業に責任が生じる）など。

　おわかりの通り、工場建設の価値は関係者それぞれにあり、リスクもそれぞれにあり、リスク対応の責任もそれぞれにあります。それぞれに生じる価値とリスクを明確に洗い出し、責任の線引きをしていくこと自体がリスク・コミュニケーションです。

◆◆ 未就学児施設は責任を背負い過ぎないで！

　未就学児施設の中でも特に保育施設は、「福祉」の枠組みの中に置かれているため、「なんでもしなければ」「すべての責任を負わなければ」という意識が強いようです。でも、できないことはできないのですから、「これはできません」と線引きする必要があります。できないことを「できます」「します」と言って深刻な結果に至ったら、それだけで大きな責任になるからです。また、子どもの安全は、保護者の責任でもあります。

　「園がしなければ！」と感じることがあったら、まずは立ち止まり、「これは園にできることか」「園が『やります』と言っていいことか」「保護者が責任を負うべきことではないか」「保護者に責任を渡してもいい部分はないか」と考えましょう。

◆◆ 掲示のメッセージは、短く！ はっきりと！

　掲示は、パッと見てわかる短いメッセージを最初に置き、最も肝心なメッセージは大きな字にします。この時、色（特に蛍光色）を多用してはいけません。色覚多様性を有する人（大人も子どもも）にはかえって見づらくなるからです。掲示の周囲を蛍光色などで囲むのもやめましょう。文字は黒だけで十分。強調は「字を大きくする」「下線を引く」などの方法を使いましょう。

　掲示の場合、最も大事なメッセージだけを読めば、「何をするべきか」「何をしてはいけないか」がわかるようにし、理由はその後に書きます。冒頭を読んでわかる人は、それ以上、読まなくてよいからです。最初から最後まで読まないとメッセージが伝わらない掲示を作ってはいけません。日本語は、説明から始めて最後に結論を書きがちなのですが、掲示もお手紙も「結論が先」です。

　そして、メッセージは「具体的な行動」で表現します。「注意して」「気をつけて」「見守って」「安全に留意して」などはどれもあいまいで実効性がなく、園も保護者も「しているつもり」になるだけです。具体的な行動とは、「手をつないで」「鍵をかけて」「車には子どもを先に乗せて」「スマホは使わないで」などです。そして、「施設では責任を取れません」「〜は保護者の方の責任です」とも。

　掲示を同じ場所にずっと貼っておくと、風景の一部になってしまいます。貼る場所は、時々変えましょう。

登降園時のドアと門扉の開閉、登降園時の園庭利用

◆◆ 門扉やドアの鍵を子どもに開けさせない工夫

子どもは大人がしていることを真剣に観察して、真似をします。成長発達には欠かせない行動ですが、子どもはまだ、自分がしている行動の危険を理解していません。ですから、子どもが中途半端に真似をしたら危険な行動は、子どもの前でしないこと。これが基本です。

でも、保護者が門扉やドアの鍵を開けているところを子どもは見てしまう…。対策として、複数の園でしている方法がこれです。「子ども用の鍵（もどき）を設置して、子どもはそちらを開錠する約束にする」、大人と同じ行動をしたいと思う子どもの気持ちを活かした方法です。

子ども用の鍵

◆◆ タイトルで内容がわかるように

では、掲示を作りましょう。まず、タイトルが具体的で目立ち、それを見ただけでポイントがわかること。「お願い」「お知らせ」ではダメです。そして、重要なお知らせは必ず、掲示した日付と園名、園長名を入れること。「この日にこのような注意喚起をしました」という証拠です。「吉日」は間違いです。たとえば、次のようになります。

●●年●月●日

■■保育園

> 園の環境として、これが門扉ではなく玄関ドアなら、「玄関ドア」と変えてください。以下すべて同じ。

保護者の皆さまに大切なお願い

門扉を出る時は、必ずお子さんと一緒に！

> この3つは前提ですが、これを大きく書いても、読んだ側は「だから？」としか感じません。この後、「何をしてほしいか」をはっきり書くことが必須。

★「車は危ない」とわかっていても、子どもは急に走り出します。

★行方不明事故は、深刻な事故につながりかねません。

★送迎時、園職員が門扉周辺で見守ることはできません。

> 「こんなこと、書けない」…？　できないことは「できない」と明言しましょう。

◆◆ 本文は箇条書きで要点のみ。肯定文も使う

　長く、歯切れの悪い文章は、誰も読みません。一文は短く、要点だけ。

　安全に関する文章というと、つい「〜してはダメ」「〜しないで」と書きがちですが、禁止や否定ばかりを書くと、読み手はいやな気持ち、できないという気持ちになっていきます。より良い行動を勧める「〜しましょう」「〜してください」という型の文章を積極的に使ってください。

◆◆ 目立たせたい箇所はどうする？

　園で文書を作る時、目立たせようとして文字を太字にすることがありますが、太字では目立ちません。目立たせるのであれば、本文を明朝体で書き、目立たせたい箇所をゴシック体にしましょう。または、目立たせたい箇所に下線を引きましょう。

　色文字にしたり蛍光色を使ったりして目立たせようとするのはやめましょう。色覚多様性の人には見づらくなります。「色文字にしてゴシック」や「色文字にして下線」などにしてください。たとえば、こうなります。

・危険です。お子さんから手と目を離さないで。←何も目立ちません

・危険です。お子さんから手と目を離さないで。←同じ書体の太字は目立ちません

・危険です。お子さんから手と目を離さないで。←色覚多様性のある方には目立ちません

・危険です。お子さんから**手と目を離さないで**。←後半が目立ちます

・危険です。お子さんから手と目を離さないで。←後半が目立ちます

送迎時に伝えるべき内容は、以下の通りです。

・あなたの手は、お子さんの命綱

　送迎時、玄関や門扉はひんぱんに開閉します。その間にお子さんが出ていってしまうことがあります。玄関・門扉周辺では、**お子さんから目と手を離さないでください。**

・安全はお互いさま

　玄関や門扉を開け閉めする際、子どもだけが園から出ていくのを見たら、**知らない子でも必ず呼びとめて、**園にいる保護者、職員に声をかけてください。

・朝は必ず声をかけて

　お急ぎでも、必ず職員に声をかけてお子さんをお預けください。声をかけていただかないと、お子さんの登園、人数を把握できません。朝は、お預けまでに時間をいただくこともありますが、子どもたちを大切に一人ひとりお預かりするためです。ご了承ください。

掲示の例

・鍵、開錠ボタンは、大人だけ

　大人の行動を、子どもはよく観察しています。そして、真似をします。鍵、開錠ボタンは、子どもに触らせないでください。子どもには、子ども専用のボタンを押してもらいましょう！

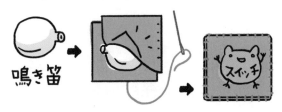

掲示の例

・送迎時に子どもを園庭で遊ばせないで

　送迎時間帯、職員は保護者の皆さんとの各種伝達をしながら、保育もしています。そのため、子どもたちに目が行き届きません。一方、送迎時はバッグを背負っていたり、上着を着ていたり、自転車ヘルメットを着用していたりと、子どもたちの体まわりには特に窒息の危険がたくさんあります。

　送迎時は園庭等で子どもを遊ばせないでください。

第5章の86、88〜93、95ページのイラストは、コピーして掲示やおたよりにお使いいただけます。

5-3

駐車場、園舎まわりの自動車の安全

◆◆ 駐車場や園舎周辺の交通事故は、誰の責任？

　駐車場や園舎まわりで起こる交通事故は、園にとって最も怖い事故のひとつです。車に子どもを乗せず、目を離したまま駐車場で話をしている保護者、駐車場に早く入ろうと割り込む保護者、車の送迎は禁止なのに園の前に車を停める保護者。朝夕には職員が駐車場に出て、交通整理や注意喚起をしている園も少なくないでしょう。

　まず、交通事故は、駐車場や道路を使っている人たち、車を運転している人たちの責任だという点を保護者にはっきり伝えましょう。園職員が交通整理をしても、注意喚起をしても事故は起こりますし、園職員がいて事故が起きた場合、「職員がいたのに、なぜ予防できなかった？」とすら言われかねません。町じゅうどこの駐車場にも「この駐車場で起きた事故については、一切責任を負いません」と書いてあります。この種の事故は、車を利用している人の責任なのです（駐車場等に物理的な問題がない限り）。

◆◆ 責任を明確にする掲示を

1）「駐車場の利用時間は、できる限り短く！」と呼びかける

　朝は急いでいる保護者が多く、夕方は園舎内でゆっくりしてしまう保護者が多い。結果、駐車場での保護者間トラブルにつながりがちです。園の駐車場の利用状況、台数に合わせて時間を決め、朝と夕、次のような掲示を作って玄関の外側に貼りましょう。

掲示の例

> 朝○時○分～○時○分、夕方○時○分～○時○分の駐車場利用は、○分以内でお願いします。駐車場内で起きたトラブルの責任は負えません。

2）「車による送迎は禁止」とはっきり伝える

「園の前に車が停まると近隣からも苦情が…」と困っている園も少なくありません。近隣住民と保護者の間に園がはさまれる必要性はないのですから、保護者には次のように伝え、近隣には「私たちも困っているのです。遠慮なく通報してください」と。

掲示の例

> 当園は、車による送迎禁止です。送迎する場合は有料駐車場をお使いください。園の前に駐車した場合、近隣の方が警察に通報することもあります点、ご承知ください。

3）車関係のその他の掲示

いずれも駐車場の近く、目立つ場所に貼りましょう。

掲示の例

駐車場内では絶対に子どもを遊ばせないでください。駐車場の死亡事故はこれまでも全国で複数起きています。

掲示の例

短時間であっても、駐車した車の中に子どもや貴重品を残さないでください。施錠しても窓を割って盗まれる、誘拐されるといった危険があります。

掲示の例 （行事の時）

園児の親戚の方も駐車場を利用しています。出入り等に慣れていない方もいらっしゃいますので、譲りあい、いつも以上に気をつけてご利用ください。

<次ページのような安全通信を園内に掲示しても効果的です。>

近くに子どもがいるかも、と考えて車を動かす

駐車場は死亡事故多発

車には運転席から見えない場所（死角）が必ずあります。車を発進させたり駐車したりする時に、子どもがいることに気づかず、ぶつかる事故も起きます。園周辺の道路や駐車場では、子どもが近くにいるだろうという想定で運転してください。

後方の見えない部分（死角）／前方の見えない部分（死角）

おとなが歩いていると、運転者の視線はその人に。手前に子どもが見えても「見えない！」危険が。

その**1** 駐車場を歩く時は、必ず手をつなぐか抱き上げる

子どもは急に走り出したり、車や物の陰に隠れたりします。手をつないでから歩き出すことを習慣に。どうしても手をつなげない時は子ども用リードを使うという方法もあります。

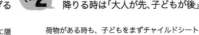その**2** 乗る時は「子どもが先、大人が後」、降りる時は「大人が先、子どもが後」

荷物がある時も、子どもをまずチャイルドシートに座らせます。先に降りた子どもが駐車場で事故に遭う事例もあります。子どもだけが車外にいないよう、送迎する大人全員にこの順番を伝えてください。

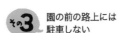その**3** 園の前の路上には駐車しない

数分だから…と路上駐車している間に子どもが車の陰に入る、あるいは、停まっているあなたの車が死角になって事故が起こることもあります。園から指定された場所に駐車するか、コインパーキング等を利用します。車による送迎禁止の園では、特に要注意です。

93

「子どもと一緒に遊ぶ場です」
（子育てひろば）

◆◆ 子育てひろばの目的は？

　子育てひろばは、保護者の子育ての悩みに答える、子育て仲間に出会う、家庭以外の環境で気分転換をする、そして、子育てにつらさを感じている保護者が子どもから少し離れるといった働きを持っています。基本は、保護者が子どもと過ごす、「家庭の外」の場所。保護者の息抜きという機能はあるにしても、子どもを放っておいてよい場所ではありません。

　そうは言っても、スマホをずっと見ている人、自分の子どもをまったく見ずに話をしている人がいて、職員が本来の仕事をできないということも少なくないようです。ですから、次ページのような掲示を大きく貼り出しておくことが大切です。

　「短時間、保護者が子どもから離れる（レスパイト）」働きを明確に持っている子育てひろばの場合、「一時的な預かりをする場所（職員と子どもが過ごす場所）」をはっきり分けておいたほうがいいでしょう。「なぜ、あの子どもは職員がついているのに、自分の子どもは私が見なければいけないのか？」と感じる保護者もいるからです。

◆◆ できないこと、してはいけないことを明記

　次ページの掲示、大切な点は「職員は見守れません」「〜をしないでください」と明記することです。もちろん、なにか問題に気づけば職員は対応するでしょう。まずは、「なにがあっても対応してもらえる」という期待を保護者には抱かせないことです。

　子どものケガ以外では、他の子どもの食事やおやつを食べてしまうことで起こる食物アレルギーも念頭に置きましょう。また、保護者同士では、誘いの強要や勧誘も起こり得ますから、「自分のプライバシーは自分で守る」よう呼びかけておくことも肝要です。職員

も、ひろばの室内で大きな声で保護者の名前、子どもの名前を呼ばないようにしてください。地域の中では、名前だけで住所等がわかってしまうことがあります。

　写真撮影は禁止が賢明です。ＤＶ等で住所を明らかにしていない保護者や子どもの居場所が、わずかな映り込みからわかってしまうこともあるからです。

お子さんとおいでになっている保護者の皆さまへ
大切なお願いです

お子さまは、保護者の方が必ず見守ってください。

　ひろばは、保護者の方とお子さんが一緒に過ごしていただくための場所です。お子さんを見守ることは、職員の役目ではありません。お子さまは、保護者の方が責任をもって見守ってくださいますよう、よろしくお願いいたします。

　お子さまのケガや、他のお子さまや保護者とのトラブル（ケガ、食物アレルギー等）につきましては責任をとれません。ご了承ください。

　皆さんが安心して過ごしていただけるよう、ひろば内の写真撮影は禁止です。

第6章

効果的なお手紙で
保護者を園の味方に

6−1

リスクと対策を保護者に説明する手紙を作る

◆◆ 保護者に宛てた手紙も、結論が先！

　リスク・コミュニケーションの意味（➡84ページ）は、手紙でも同じです。掲示と異なり、説明が必要で、保護者に個々渡しておく必要がある場合に手紙を使います。

　まず、見ただけで園が何を言いたいのかが伝わるタイトルにしましょう。タイトルをいつも「お知らせ」「保護者の皆さまにお願い」としていると、保護者は「なんだろう？」と思いつつも本文を読むのは面倒なので、そのまま読まない可能性があるからです。

　基本は、タイトルと本文の最初の数行で伝えたいことの要点すべてがわかるようにする、です。その後の説明は、タイトルと本文の最初の数行を読んでも理由がわからない保護者のために書きます。つまり、「結論」→「結論の理由は〜」→「さらに、理由の理由は〜」という形で書いていきます。

　日本語は、最初に説明を書いて最後に結論を書くという形で子どもの頃から学ぶため、結論を先に書く文章は書きにくいかもしれません。まずは書きやすいように書いて、その後、文章の中にある結論を一番先頭に持ってきてください。

◆◆ 手紙を作成する時のポイント

　まず、こうした手紙に日付を入れず、「吉日」とする方がいますが、誤りです。リスク・コミュニケーションのためのメッセージは「関係者に伝えた証拠」ですから、日付を必ず入れてください。メッセージの責任者として、施設長（あるいは理事長や社長）の名前も必要です。

　冒頭に「日頃から当園の運営にご理解、ご協力いただき…」と書く方がいます。誤りではありませんが、リスク（と価値）を伝える手紙の最初にこうした文があると、「理解、協力をしろということか？」と保護者が感じてしまう危険性も生じます。つまり、保護者にプレッシャーをかけてしまう形になるのです。なにより、季節の挨拶や「ご理解、ご協力」は読み飛ばされますし、内容のわからないタイトル（「お知らせ」「お願い」）の後に挨拶が長々と続いたのでは、保護者は読みません。

◆◆ 参照文献や参考文献を必ず入れる

　園だよりやクラスだよりを見ていると、情報の出どころが書かれていない場合が多々あります。まるで、園がその情報をもともと知っているかのように書かれていることもあります。たとえば、「4月は子どもの交通事故が多い時期です」とだけ園だよりに書いたら、園が子どもの交通事故の数を記録しているかのように読めます。正しくは、「4月は子どもの交通事故が多い時期です（警視庁の○○による）」、または「警視庁のデータによると、4月は子どもの交通事故が多い時期だそうです」。

　なぜ、こう書くのか。情報の責任まで園が負わないため、です。特に、子育て、医療、健康の情報はデータに基づくものなのか、コマーシャルなのか、わからないものもたくさんあります。でも、「出典は○○」と書いておけば、「この話は間違いだ」と指摘された時に、「そうなんですね。ご指摘ありがとうございます。ネットに○○がこう書いていたものですから」と、責任を逃れることができるでしょう。

　一方、情報の出どころを書かなければ、それは当然、著作権侵害にあたります。ネットであれ書籍であれ雑誌であれ、他人の文章やデータを使う場合には、参照元を書かなければなりません。「ネットのURLまで書かなければならない？」、いいえ、そんなことはありません。ネットで検索できるタイトルと情報を出している人や組織の名前を入れておけば十分です。

第**6**章

効果的なお手紙で保護者を園の味方に

登園時の服装、持ち物の注意

◆◆「着せないで」という断定は避ける

フードやヒモがついた服は、首が引っかかったり、引きずられたりといった危険があります。「こういう服は着せないで」とつい書きがち。でも、子ども服ですから、きょうだいが着ていたものやリサイクルで買ったものなどを着せる保護者も少なくありません。「新しい服など買っていられない！」という気持ちを逆撫でしないため、「着せないでください」と断定するのではなく、「フードやヒモは危険です」と言ったうえで「活動中には中にたくしこんだり、脱がせたりします」と、園がする対策を書きましょう。

◆◆「最悪、捨ててもよい服装で」と伝えておく

汚れ物の取り違えや紛失、盗難によって服がなくなることは少なくありません。靴も盗まれることがあります。また、吐物や糞便で衣服が、泥で靴が汚れることは日常的に起こるのですから、「保育時間中は、最悪の場合、なくなっても捨ててもよい衣服、靴でお願いします」。こう言っておかなければ保護者は想定できず、起きた時に驚くのですから、はっきり「なくなります」「吐物や糞便による汚染は起きます」と書きましょう。

◆◆ バッグにつけないものも明記

登園カバンにマスコットやおもちゃをぶら下げている子どももいますが、園内で落としたりすれば、小さい子どもたちの誤飲・誤嚥にもつながります。子ども同士で取り合いになる危険性もあります。「登園バッグには何もぶら下げないでください」と入園時に伝え、気づいたら「はずしてください」と伝えましょう。

お守りは？　誤飲・誤嚥しないだろうし、子どもも取らないだろう…。では、日本文化でお守りをつけたいなら、他の文化でお守りとして十字架のネックレスをしたり、子どもにピアスをさせたりするのは？　「ネックレスやピアスは危ない！」…、それで理解が得られるでしょうか。

お子さまが活発に遊べるよう、スカートよりもパンツ（ズボン）で登園してください。または、保育中に着替えられるよう、活動用のパンツを園にお預けください。
スカートやチュニックは、遊ぶ時、どうしてもからだを動かしにくくなります。また、遊具等にすそがはさまったり、引っかかったりといった事故にもつながります。

フードやヒモが遊具等に引っかかると危険です。フードやヒモがついている服で登園してきた場合、危険な部分を服の中にたくしこんだり、短くしたり、あるいは脱がせて他の服を着せたりすることもありますので、ご承知おきください。

お子さんの着替えやタオル、よだれかけ等には油性ペンで名前を書いていただいていますが、集団生活ですので、入れ間違いや紛失はどうしても起こります。自分で片付けをするクラスでは、間違いは特に避けられません。また、吐物や糞便がつくこともあります。保育時間中は、紛失しても、あるいは最悪の場合は廃棄しても困らない服を着るようにしてください。靴に関しても同じようにお願いします。

マスコットや飾り等は、年齢の小さい子どもたちの誤嚥（窒息）、誤飲の危険性があります。また、子どもたちで取り合いになることもあります。バッグやカバンにマスコットや飾りをつけないでください。

第6章の101、103ページのイラストは、コピーして、掲示やおたよりにお使いいただけます。

第6章　効果的なお手紙で保護者を園の味方に

6-3

お弁当の注意

◆◆「これは入れないで！」とはっきり

　誤嚥窒息のリスクが高い食材は「入れないで」と、はっきり伝えましょう。それでも入れる保護者はいます。その場合は職員がキッチンばさみ等で切るしかありませんが、見逃して子どもが食べ、窒息…。それでも「入れないで」と保護者に伝えておいた証拠は残ります。「言ったって入れてくるのだから、言ってもムダだ」ではないのです。

◆◆「おかしいな」と思ったら写真を撮る

　食物アレルギーのある子どもの弁当に、アレルギー食材が入っていることも時々あります。保護者が間違って入れた、あるいは、きょうだいの弁当を間違って持たせたなど、理由はいろいろ。理由はなんであっても、「おかしいな」と思ったら、まず弁当全体の写真を撮って、保護者に連絡をします（可能なら、連絡をする時に写真も送る）。

◆◆ 手紙のポイント

「入れないで」と書いた食品はすべて、誤嚥窒息が起きているものとその類似物です。
　プラスチックのピックは、子どもがかじって飲み込むことがあり、危険です。
　「糖分の入っていないお茶」と書かないと、ペットボトルの甘いお茶を入れてくる保護者がいます。酸味のあるジュースや炭酸飲料は、水筒の中の金属を溶かしてしまう危険があるので禁止です。ですが、「ジュースや炭酸飲料は入れないでください」（否定形）と書くと、「ジュース」「炭酸飲料」の定義を勝手に判断して、「これならいいだろう」と入れてくる人がいるため、はっきり「水か、糖分の入っていないお茶を入れる」としたほうが

よいでしょう。

　キャラクター弁当を禁止する必要はありません。でも、保護者の中には「キャラ弁にしなければいけないのか？」とプレッシャーを感じる人もいるでしょうから、このようにやんわりと言っておくことで、プレッシャーを和らげることができます。

○○遠足の前に、保護者の皆さまにお願い
お弁当は、ここに気をつけて！

　●月●日の遠足、子どもたちの大きな楽しみはお弁当です。でも、園で食べる給食とは違って、ついついはしゃいでしまい、危険になることもあります。次の点にご配慮くださいますよう、お願いいたします。

> ★以下のもの、または類似の形状のものは、お弁当に入れないでください。
>
> ・丸のままのミニトマトや、大きなブドウ（例：巨峰）
> ・丸のままのウズラの卵
> ・乾いた豆やナッツ
> ・ひと口サイズのカップ・ゼリー、こんにゃくゼリー
> ・丸いひと口サイズのチーズやソーセージ
>
>
>
> ★プラスチックのピックを使わないでください。口に入れる、他の子どもをつつく等の危険があります。
> ★水筒には、水、または糖分の入っていないお茶を入れてください。
> ★キャラクター弁当は、季節にかかわらず、食中毒のリスクを高めると指摘されています。

保護者に持ち物などを
伝える時のコツ

◆◆ 大きさや形は具体的に：以心伝心はありません

　タオルや服、袋などを家庭から園に持ってくるよう伝える度に、「枚数が足りない」「使えない大きさのものを持ってきた」と悩んでいませんか？　コツは、大きさ、形、数をとにかく具体的に伝えることです。

　たとえば、年度末に「1年分の製作物を持って帰っていただきますから、袋を持ってきてください」と伝えるとします。これだけでは、保護者がどんな袋を持ってくるか、想像もつきません。買い物に使うようなビニール袋を持ってくる人さえ、いるかもしれません。それを見て、「『製作物を持って帰る』と言っているのに、なぜわからないんだろう？」と言うのはお門違いです。以心伝心など、ないのですから。

　同じように、「フェイス・タオルを持ってきてください」「口ふき用のタオルを持ってきてください」…、これではわかりません。あなたが思っている「フェイス・タオル」、園でふだん使っている「口ふき用のタオル」は、保護者が思っているものとはたいてい違うからです。

　解決方法はとても簡単です。大きさや形は具体的に伝えましょう。製作物や画帳を入れて帰る袋なら、たとえば「縦横が40cm以上あって、厚みが15cm以上ある、手提げ袋」でよいわけですし、タオルなら、「30cm×80cmぐらいのタオル地のもの」と書けばよいのです。

　もうひとつ、汚れ物などを入れる袋について「スーパーの袋」という言い方をするのは、もうやめるべきです。スーパーの袋はもらうものではなく、買うものですから。

◆◆ 数ははっきり伝える

　替えの服であれ、おむつであれ、汚れ物を入れる袋であれ、「常に数枚あるように」「適宜補充」と表現するのはやめましょう。人によって「数枚」「適宜」の解釈は違います。「でも、1日に何回おむつを替えるかは、保護者にもわかるはず」…、問題になるのはそこではないのです。「おむつが足りません」「替えの服が足りません」と、やりとりをすること自体が保育者にも保護者にも負担になり、お互いの信用を壊しかねないからです。

　最初から多めに見積もって「○枚、常に入れておいてください」と伝えましょう。毎日、替えのセットを作って持ってくるのは決して容易ではなく、保護者が忘れる原因にもなります。ですから、「毎日、セットを持ってきてください」よりも、「下着のパンツが○枚、上に着る下着が○枚、短いズボンが○枚、長いズボンが○枚、Tシャツが○枚、常にあるようにしておいてください」がお勧めです。

　「替えの服がない時、園にある予備の服を着せると、そのまま保護者が戻してこない」という声もよく聞きます。解決策は簡単です。Tシャツでもズボンでも、前後に大きく、油性マジックで「まる保」と書いておきましょう、服のタグに小さく書くのではなく。

◆◆ 「どれくらい誤解できるだろう？」と考えて

　未就学児施設の常識、保育者の常識は、保護者（一般社会）の常識ではありません。「わかってくれない」「間違ったものばかり持ってくる」と怒る前に、まず、具体的に伝えましょう。「どこまで具体的に書けばいいか、わからない」と悩んだら、書いた文章を皆で読み、「この文章から、どれくらい誤解できるか？」と想像してみることです。

　大きさや形、枚数のような単純なことでも、他人に説明するのは簡単ではありません。でも、こうした単純なことも説明できないなら、もっと複雑なことは説明できない、そう考えて、この作業を「伝わるように伝える練習」ととらえてください。

ファミサポ、ベビーシッターの利用者に渡す手紙

◆◆ できないこと、しないことは、「できません」「しません」と明記

　ファミリー・サポート・センター事業（以下、ファミサポ）だけでなく、ベビーシッター、未就学児施設であっても、決まっている内容以上のことを保護者が依頼してくる場合はあります。「それくらいのことなら」と承諾しますか？　やめましょう。事前の打ち合わせでは依頼されなかった内容や事業範囲外の依頼を、コーディネーターや預かる側／保育者の判断で受け入れ始めると、際限がなくなり、断れば「〜の時には、してくれたのに」と言われかねません。他の利用者に情報が流れれば、「○○さんにはやってあげて、うちの子どもにはしてくれないんですか？」という話にもなります。事業やサービスの利用開始時や預かりの依頼を受ける時には、業務の線引きは明確にしておき、しないこと、できないことを伝えましょう。この線引きは利用者だけでなく、コーディネーター、預かる側など、全員が共有しておくべき点です。

　特に、ファミサポの場合、自治体はあくまでもサービスの仲介役に過ぎず、事故等が起きた時に自治体が負える責任は限られています。「地域の親子のために」と善意でしている活動が思わぬ結果につながってしまうこともありますから、コーディネーターや子どもを預かる提供会員が「自分が責任を負うことになる」という事実を理解して、「しません」「できません」と言いましょう。

◆◆ 保護者の前ではしない行動を子どもがすることも

　集団の中で過ごしている時の子どもの姿が、保護者といる時の姿と違うことは、よくあります。同様に、ファミサポの提供会員やベビーシッターのような「他人」といる時の子どものふるまいが、保護者といる時とは異なることも珍しくありません。「お子さんが〜

をしました」と話しても、「うちの子はそんなことをしない」と言われてしまうのです。実際、子どもがファミサポの提供会員を試すような行動をしたり、場合によっては「意地悪」にさえ見える行動をしたりすることはあります。どうすればいいでしょうか？

　まずは、「叱ることはあります」「手をつながない時はリードを使います」等と伝えておくことです。それでも、「うちの子はそんなことをしない」と言われる危険があるなら？　屋内（依頼会員の家でも提供会員の家でも）であれば、スマホのビデオ機能を使って、預かっている間の状況を撮影しておく（録画できないなら、音声の録音だけでも）。屋外を移動しているのであれば、スマホの録音機能を使って音声だけでも録音しておきましょう。何かが起きた時のための証拠を残すのです。

　たとえば、雑踏で急に子どもが手を振りほどいて走り出した時、「○○ちゃん、止まって！」という録音があれば、提供会員の「見失い」ではないと言うことができます。また、家の中で子どもが何かを（わかっていて）壊した時にも録画や録音があれば、提供会員の責任を否定する助けになります。

> **ファミサポ、ベビーシッターの利用者に渡す手紙の見本とポイントは次ページ** →

私たちファミリー・サポート・センター事業（ファミサポ）（またはファミリー・サポート
提供会員）は、善意をもとに同じ地域に住む保護者の皆さんと子どもたちのお手伝いをしてい
ます。その点にかんがみ、以下のことをご理解ください。

●自治体のファミリー・サポートとして決めら
　れたこと以外のお手伝いは、絶対にしません。

> 「それくらい、しますよ」はナシ！
>
> 同上

●予定とは違うお手伝いをその日になって求められた場合、「できません」とお断りします。

> 「あなたの大切なお子さんをお預かりします」と実際に言葉でお伝えになっている提供
> 会員さんの言葉から。「他人に預けるんだ」という認識を保護者にも。

●あなたの大切なお子さんをお預かりするのですから、お子さんがケガなどをしないように提
　供会員はできる限り努めます。けれども、お子さんたちは元気ですから、転ぶ、ぶつかる、
　はさむといったことが起きない、子どもがケガをしないという保証はできません。

●あなたのお子さんが提供会員の言うことを聞かず、危険なことをした場合にははっきり叱り
　ます。そして、お子さんがしたことをあなたにお伝えします。「うちの子がそんなことをす
　るわけない」とおっしゃる場合、お預かりはできません。
　　ファミリー・サポートの機能のひとつは、「子ども
　を地域で育てること」であり、叱るべき時は叱る必
　要があります。

> 保護者が自分の子どもの姿を知ら
> ず、提供会員の報告に対して苦情を
> 言うケースもあります。

●お子さんの安全を守るため、歩く時などは常に手をつないでいただきます。お子さんをお預
　かりする際に、あなたとお子さんと提供会員の3人で必ず、「外を歩く時は、○○（私の名前）
　の手をぎゅっとしてね」と約束しましょう。
　　この約束をしても手をつながなかった時は、お伝え
　します。

> 保護者の目の前で、保護者とも子ど
> もとも約束するところが鍵。

●それでも、お子さんが走り出してしまう場合などがあります。どうしても危険な場合、提供
　会員が持参している子ども用のリードをつけさせていただくことがあります。

●お預かりしている間にお子さんが眠ることもあります。その時は、できる限りお子さんのそ
　ばにいて、お子さんを仰向け（0歳、1歳
　児の場合）にするよう努めますが、そばを
　離れざるをえないことがある（トイレ、荷
　物の到来等）点はご了承ください。

> 最低限、0歳、1歳は常に仰向けに。
> 「眠っている間はそばについて見ている」
> が原則ですが、その場を離れなければいけ
> ない事態は必ず起きますので。

●その日の朝からお子さんの体調に異常がな
　いこと、熱がないことなどを、お預かりす
　る際に必ず確認させていただきます。

> 「元気です」と言って、体調の悪い子ども
> を預けるケースも現実にはあります。

> その日の体温、体調などを依頼会員に書いてもらうメモを用意してもよい
> でしょう。「保護者は大丈夫と言った」という証拠になります。

付　録

付録 1　子どもの身長、頭の大きさ

◆ 身　長

	1歳	2歳	3歳	4歳	5歳
身　長	74.9cm	86.7cm	95.1cm	102.0cm	108.2cm

　数字は男子身長の平均値（厚生労働省「乳幼児身体発育調査」平成22年より）。子どものイラストのうしろのシルエットは、身長160cmの大人。ご自分の身長をもとに、年齢ごとの子どもの大きさをイメージしてください。

◆ 頭の大きさ

子どもは頭が一番大きい

$$A > B > C > D$$

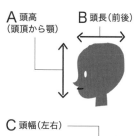

A 頭高（頭頂から顎）
B 頭長（前後）
C 頭幅（左右）

子どもの頭を作って調べてみてもいいね！

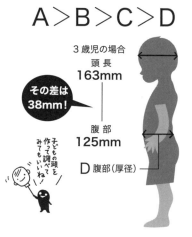

その差は38mm！

3歳児の場合
頭　長 163mm

腹　部 125mm

D 腹部（厚径）

　第1章で「体は抜けるが、頭は残る幅のすき間」を取り上げましたが（➡20ページ）、このように頭の厚みのほうがお腹の厚みより大きいためです。

	6ヶ月	1歳	2歳	3歳	4歳	5歳
A. 頭高（頭頂から顎）	168mm	170mm	184mm	192mm	196mm	198mm
B. 頭長（前後）	143mm	153mm	159mm	163mm	166mm	168mm
C. 頭幅（左右）	121mm	130mm	137mm	139mm	142mm	144mm
D. 腹部（厚径）	114mm	115mm	119mm	125mm	129mm	131mm

［出典］独立行政法人産業技術総合研究所デジタルヒューマン工学研究センター、公益社団法人日本インダストリアルデザイナー協会、特定非営利活動法人キッズデザイン協議会企画・監修『子どものからだ図鑑 キッズデザイン実践のためのデータブック』ワークスコーポレーション、2013年

◆ 手幅、人差し指の幅

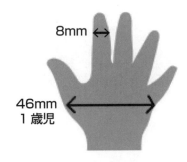

	6か月	1歳	2歳	3歳	4歳	5歳
手　幅	43mm	46mm	48mm	50mm	52mm	55mm
人差し指の幅	8mm	8mm	9mm	9mm	10mm	10mm

＊数字は平均値

◆ 人差し指の厚み

	6か月	1歳	2歳	3歳	4歳	5歳
人差し指の厚み	6mm	7mm	7mm	8mm	8mm	8mm

＊数字は平均値

［出典］独立行政法人産業技術総合研究所デジタルヒューマン工学研究センター、公益社団法人日本インダストリアルデザイ
ナー協会、特定非営利活動法人キッズデザイン協議会企画・監修『子どものからだ図鑑 キッズデザイン実践のためのデー
タブック』ワークスコーポレーション、2013年

付
録

◆ 親指（爪基部）の長さ

9mm
1 歳児

	6か月	1歳	2歳	3歳	4歳	5歳
親指の長さ	8mm	9mm	10mm	11mm	11mm	12mm

＊数字は平均値

◆ 親指の厚み

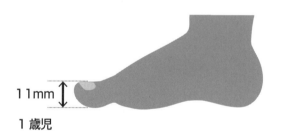

11mm

1 歳児

	6か月	1歳	2歳	3歳	4歳	5歳
親指の厚み	10mm	11mm	11mm	12mm	13mm	13mm

＊数字は平均値

［出典］独立行政法人産業技術総合研究所デジタルヒューマン工学研究センター、公益社団法人日本インダストリアルデザイナー協会、特定非営利活動法人キッズデザイン協議会企画・監修『子どものからだ図鑑 キッズデザイン実践のためのデータブック』ワークスコーポレーション、2013年

付録 4 子どもの手の届く場所、乗り越えられる高さ

◆ 手の届く場所

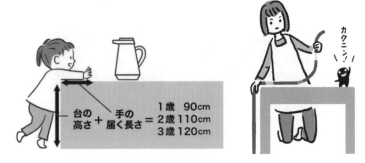

台の高さ + 手の届く長さ = 1歳 90cm / 2歳 110cm / 3歳 120cm

　ひもを用意して、90cm、110cm、120cmのところに印をつけ、年齢ごとに手がどこまで届くか確認しましょう。

◆ 乗り越えられる高さ

年齢	乗り越えられる高さ（mm）	
	平均	最大
4歳	695	850
5歳	848	1,000
6歳	947	1,125
7歳	1,023	1,125

［出典］独立行政法人産業技術総合研究所デジタルヒューマン工学研究センター、公益社団法人日本インダストリアルデザイナー協会、特定非営利活動法人キッズデザイン協議会企画・監修『子どものからだ図鑑 キッズデザイン実践のためのデータブック』ワークスコーポレーション、2013年

付録

付録 5　加湿器の蒸気の温度

◆ 加湿器の蒸気の温度

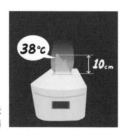

高温蒸気対策機能表示
ありの加湿器

高温蒸気対策機能表示
なしの加湿器

温度測定位置	高温蒸気対策機能表示 ありの加湿器	高温蒸気対策機能表示 なしの加湿器
蒸気口直上	45℃	72℃
蒸気口から 1 ㎝上方	44℃	72℃
蒸気口から 3 ㎝上方	44℃	71℃
蒸気口から 5 ㎝上方	43℃	71℃
蒸気口から 10 ㎝上方	38℃	68℃

　やけどの原因となる加湿器の蒸気の温度は、蒸気レス、蒸気カット、蒸気セーブ等の高温蒸気への対策機能が付いた製品では約40℃、対策機能が付いていない製品では約70℃になります。

［出典］国民生活センター「家電から出る蒸気による乳幼児のやけどにご注意！」2021年

◆ 子どもの転倒時間

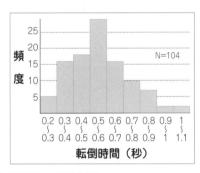

転倒時間の分析結果
（生後11〜50か月、合計104回の転倒）

　研究によれば、子どもが平地で転倒する時、倒れ始めてから身体の一部が接地するまでに0.5秒程度かかることが多いという結果でした。

［出典］西田佳史、山中龍宏編著『保育・教育施設における事故予防の実践　事故データベースを活かした環境改善』中央法規出版、2019年、p.11

◆ 子どもの落下時間

　研究によれば、２ｍの高さの遊具から落ちるのに要する時間は0.63秒。あっ！と思った時には落ち、目の前にいても間に合わない速さです。

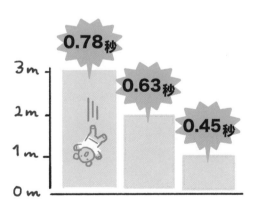

［出典］山中龍宏「夏に増える子どもの転落…３メートルの落下は0.78秒　助けは間に合わない」ヨミドクター、2021年６月８日

おわりに

　本書をお読みになって、「私たちの園にも、子どもの命を奪うかもしれないハザードがあるなあ。環境の○○を変えて、職員の行動も具体的に～としよう」と考えた方がたくさんいらっしゃるでしょう。「よし、変えたぞ！」「続けていこう！」…、しばらくすると、「なにも起きないね。変えなくてもよかったのかな」という気持ちが生まれます。その時のために、この言葉を園全体で共有しておいてください。

「なにも起きないことが、深刻事故予防の取り組みの成果」

　「はじめに」で所さんが書き、本書のそこここにも出てくる通り、子どもの命を簡単に奪う深刻な事故には、ヒヤリハットすらめったにありません。ヒヤリハットが起きたとすれば、それは命を奪うほんの手前で止められただけのこと。だから、予防策が具体的で効果があればあるほど、なにも起きなくなります。そして、油断が育ち始めます。

　かといって、成果が感じられなければ、取り組む気持ちが揺らぐのも当然です。どうしましょう？　それが12ページに書いたような「気づき」の共有です。「これ、駐車場に落ちていました。口に入れていたら危ない」「玄関の○○が壊れてます。服とかが引っかかりそうだから修理してください」。子どもの命を奪いかねないハザードは日々の「気づき」で見つかるのですから、「気づいたよ！」「気づいてくれて、ありがとう！」という毎日の明るいやりとりがハザードをなくし、リスクを下げるきっかけになります。このコミュニケーションが園の中に生まれることそれ自体が、深刻事故を防ぐ取り組みの成果です。

　一方、ケガにつながるできごと（滑る、つまずく、ぶつかる、かみつき、ひっかきなど）は、子ども一人ひとりの育ち、子ども集団に合わせて具体的に保育の質を高め、予防できるできごとを防いでいけば、ケガの減少につながります。「成果」が見えやすいのです。

　深刻な事故が起きた時には、手遅れ。そうならないよう、「日々、ハザードを見つけ、伝える」という大事な点を園運営に取り入れてください。

掛札逸美

◆プロフィール

［著　者］

所　真里子（ところ・まりこ）

保育の安全研究・教育センター設立メンバー、日本子ども学会常任理事、ISOガイド50（子どもの安全の指針）JIS原案作成委員会委員。家政学修士（2015年、消費・環境領域）。㈱ベネッセコーポレーションに20年以上勤め、教材編集、子ども研究、知育玩具や通販商品の事故事例分析や安全基準づくりに取り組む。現在は、子どもの安全の専門家として未就学児施設やファミリー・サポート・センター事業等の保育者への研修、保護者への安全講習、企業へのアドバイス等を行っている。

掛札逸美（かけふだ・いつみ）

1964年生まれ。筑波大学卒。2003年、コロラド州立大学大学院留学、2008年に博士号取得、卒業（健康／社会心理学）。産業技術総合研究所特別研究員を経て、2013年、NPO法人保育の安全研究・教育センター設立（現在は任意団体）。著書に『保育者のための「深刻事故」対応ハンドブック』『保育者のための心の仕組みを知る本』（ぎょうせい）など。訳書に『3000万語の格差：赤ちゃんの脳をつくる、親と保育者の話しかけ』（明石書店）など。

［Column著者］

レーヴ法律事務所

「保育現場の安全・安心を法律で守る」をモットーに、全国各地の保育園、幼稚園、こども園の顧問弁護士・法律事務所として、日々寄せられる相談や案件に対応している。所属弁護士のいずれもが、園向けの研修講師としての実績も多数。

柴田洋平（しばた・ようへい）

弁護士（東京弁護士会所属）、保育士。レーヴ法律事務所共同代表。㈱チャイルド社取締役副社長。東京弁護士会子どもの権利委員会委員、東京都児童相談センター協力弁護士等を歴任。幼児教育・保育施設をテーマに執筆や講演・研修講師を務める。

板垣義一（いたがき・よしかず）

弁護士（東京弁護士会所属）。2011年弁護士登録。東京都と北海道で弁護士経験を積み、幅広く法律実務に携わる傍ら、社会福祉、地域福祉に関する知見を得る。2019年にレーヴ法律事務所共同代表に就任。

今西淳浩（いまにし・すみひろ）

弁護士（東京弁護士会所属）。半導体製造会社での会社員勤務を経て、2012年弁護士登録。日本司法支援センター所属の弁護士として司法過疎地域で弁護活動に従事。2021年にレーヴ法律事務所に参画。

［イラスト］

柚木ミサト（ゆぎ・みさと）

画家。1965年生まれ。写実的な表現からマンガまで描き分けるスタイルで、描くことからつながっていく全てをつくる。2011年から現在は、画家としての活動に転換しつつ、絵本や挿絵など子どもに関わる書籍を好んで製作している。

イラストで学ぶ

保育者のための「ハザード」教室

子どもの「危ない！」の見つけ方・伝え方

令和 5 年10月 1 日　第 1 刷発行
令和 6 年 2 月 1 日　第 3 刷発行

著　　者　　所　真里子、掛札逸美、レーヴ法律事務所
イラスト　　柚木ミサト

発　　行　　株式会社ぎょうせい

〒136-8575　東京都江東区新木場 1-18-11
URL：https://gyosei.jp

フリーコール　0120-953-431

ぎょうせい　お問い合わせ　検索　https://gyosei.jp/inquiry/

〈検印省略〉

印刷　ぎょうせいデジタル株式会社　　　　　　　　　©2023　Printed in Japan
※乱丁・落丁本はお取り替えいたします。

ISBN978-4-324-11279-3
(5108876-00-000)
〔略号：保育ハザード〕